Opri Guiza

Gérez

votre patron

africain

Table des matières

Préface

« On n'est jamais si bien servi que par soi-même. »
Proverbe français.

Il est souvent difficile de s'observer soi même et un observateur extérieur est parfois mieux placé, pense-t-on, pour effectuer cette tâche. C'est pourquoi le travail de correcteur est dans une imprimerie confié à une autre personne que celle qui a écrit le texte, car ce dernier ne voit littéralement pas les erreurs qu'il a pu commettre. C'est pourquoi aussi les entreprises font appel à des cabinets-conseils extérieurs, qui ont plus de recul.

Mais ce n'est pas vrai en toutes circonstances car l'observateur extérieur peut être aveuglé par d'autres défauts, ignorance, préjugés, mépris inconscient, schémas idéologiques plaqués sur la réalité, désir de briller aux dépens de ce qui est observé, etc. Les biais possibles sont innombrables.

La gestion du supérieur hiérarchique n'échappe pas à ces difficultés. Elle est d'évidence liée à chaque culture dans laquelle elle s'exerce. Certes un roi est un roi et les flatteurs ont existé de tous temps et en tous pays. mais il y a la manière... Et les louanges d'un griot paraîtraient pour le moins « exotiques » à la Cour d'Angleterre !

Nous sommes donc heureux qu'une Ivoirienne ait repris un thème exploré naguère par nous, pour le traiter à sa façon, c'est à dire en fonction de ce qu'elle a pu observer et comprendre de la réalité des entreprises de son pays et de pays culturellement proches. Les sujets explorés sont assez voisins, mais comme le dit un proverbe africain, *si les femmes puisent la même eau, elle ne font pas la même sauce.*

Guy Desaunay
Professeur retraité du Groupe HEC Paris

Prologue

« On n'attend pas la pluie pour se laver. »
Proverbe ivoirien.

La relation avec le supérieur hiérarchique, le patron, peut, soit empoisonner la vie professionnelle, soit être éventuellement utilisée pour servir de tremplin à sa propre carrière. Car selon le proverbe :*« Près du pain, il y a toujours des miettes. »*

Entre ces deux extrêmes, toutes les variantes sont possibles, d'une relation lointaine mais courtoise à une petite guerre quotidienne.

Cette relation fondamentale est prise le plus souvent comme une contrainte, un peu comme la pluie lors de la saison des pluies, ou les embouteillages : on fait avec... L'idée qu'elle puisse être gérée, c'est à dire qu'on puisse minimiser ses inconvénients et maximiser ses avantages, est une idée assez rare et surtout rarement mise en pratique de façon suivie. Cela pèse et l'on se plaint beaucoup, mais on ne fait pas grand chose !

C'est, en effet une relation très affective, où les sentiments, souvent inconscients, l'emportent sur la rationalité. Ces sentiments peuvent être très divers.
Un des plus fréquents est l'impression de ne pas être reconnu à sa juste valeur. C'est sans doute en partie vrai car bien des patrons pensent que leurs subordonnés n'ont pas toutes les qualitéq qui seraient souhaitables.
Ils les pensent indolents, voire paresseux. Moins ils travaillent,

mieux ils se portent, semble-t il. Seules les contraintes (manger, se vêtir, se perpétuer, etc.) les obligent à travailler Un travail et un rendement corrects ne peuvent guère être obtenus que par la contrainte.

Ils pensent qu'ils manquent d'ambition, fuient les responsabilités et au fond, préfèrent être commandés. Il serait donc inefficace de leur demander des initiatives.

Ils croient qu'ils sont égoïstes, incapables de collaborer et de prendre en compte des finalités qui les dépassent, que ce soit le bien commun du groupe ou celui de l'entreprise. La collaboration nécessaire à Inexécution des tâches doit donc être organisée par l'entreprise et, la aussi, par contrainte.

Ils supposent qu'ils vivent dans la routine et détestent le changement, même si objectivement celui-ci est profitable. Il y a donc résistance au changement, pour des raisons souvent futiles ou mêmes absurdes.

Ils regrettent qu'il ne soient pas très intelligents, ne savent pas s'organiser et donc se fatiguent inutilement pour atteindre une efficacité faible.

Ils sont convaincus qu'ils se laissent facilement impressionner par les promesses de «meneurs«, individus eux-mêmes peu recommandables, qui ne voient dans l'agitation qu'ils entretiennent que le moyen de réussir sans trop travailler.

Ils constatent qu'ils ont une fâcheuse tendance à l'irrespect, à la bagarre et aux coups de tête. Seuls quelques-uns savent respecter leurs supérieurs et même les aimer et donc leur obéir.

Ils regrettent qu'ils ne connaissent que la force, toute bonté leur apparaissant comme un signe de faiblesse, dont ils profitent immédiatement.

Ils sont persuadés qu'ils pensent plus à revendiquer de nouveaux avantages qu'à comprendre et accepter les contraintes de l'entreprise.

Un autre sentiment fréquent chez les subordonnés est celui d'être traité plus comme un objet que comme une personne. L'on vous déplace d'un poste à un autre. L'on modifie les procédures de votre travail. L'on fait peser sur vous diverses contraintes. Et tout cela sans vous demander votre avis ou pire sans tenir compte de votre avis après vous l'avoir demandé ou que vous l'ayez simplement donné.

Un autre, avouons-le, est une certaine envie des privilèges que lui donne son poste : ses retards, ses absences, ses primes, éventuellement son appartement et sa voiture de fonction avec chauffeur...

Ces sentiments, il faut les connaître ce qui demande un certain effort de réflexion sur soi. Il faut aussi se demander s'ils ne sont pas la source principale de certaines des difficultés rencontrées. En effet, les causes et donc les torts ne sont peut-être pas tous à la charge de votre patron.

Il faut ensuite recenser ces difficultés, leur fréquence, les occasions qui les font naître, etc.. Il faut alors tenter de les contourner. ou mieux de les résoudre, c'est à dire faire en sorte qu'ils ne se reproduisent plus.

L'idée qui sous tend cet ouvrage est donc de proposer un certain nombre de thèmes de réflexion mais aussi d'outils et de moyens pour gérer cette relation et donc l'améliorer.

Mais pour que cela soit efficace, il faut que vous le vouliez. Si vous faites partie de ces subordonnés qui n'en font qu'à leur tête et se comportent comme si l'entreprise était plus à leur service qu'ils ne sont à son service à elle. Si vous pensez que votre salaire est un du et non une contrepartie de votre travail et de votre implication. Si vous pensez avoir toujours raison, quoi qu'il se soit passé. Si vous refusez de vous remettre en cause, même sur des détails. Alors ce livre ne peut pas grand chose pour vous. Pour que la relation de votre patron avec vous s'améliore, il faut aussi que votre relation avec lui s'améliore également, ce qui suppose un certain questionnement et un travail personnels !

Les sources

Assez curieusement, le thème traité ici ne l'a été historiquement qu'assez tardivement par les philosophes, moralistes et historiens. On n'en trouve pas trace dans la littérature gréco-romaine ou alors très allusivement. Il faut attendre, en Europe, le 16° siècle, pour que quelques auteurs abordent le sujet de front. Et pourtant quoi de plus important pour un courtisan que la relation avec son prince quel qu'il soit. Mais les écrivains sont aussi des courtisans et sont donc prudents.

La littérature managériale est tout aussi discrète jusqu'à la fin du 20° siècle. On y traite abondamment de la gestion des subordonnés, mais pratiquement pas de la gestion des supérieurs.

Quant à la littérature ancienne proprement africaine sur le sujet, à part quelques contes ou quelques proverbes... Pour les sources africaines contemporaines, nous nous somme heurtés à la rareté des publications et à la difficulté d'accès des bibliothèques. De plus les ouvrages récents sont rarement numérisés. et donc accessibles via Internet. Et Google Books ne donne généralement que quelques lignes de chaque ouvrage. Ces sources sont donc ici sous-utilisées à notre grand regret.

Reste un peu de littérature occidentale, mais les chercheurs ne semblent pas avoir abandonné les concepts (ou/et les préjugés) qui les faisaient vivre au siècle dernier !

Nous avons donc utilisé essentiellement notre expérience professionnelle. Nous voudrions remercier ici les personnes qui ont bien voulu nous accorder des entretiens.

Nous avons aussi abondamment utilisé la sagesse populaire sous la forme de proverbes. Car selon le dicton ivoirien : *« L'homme sage connaît les proverbes, c'est pourquoi il est de bon conseil. »*

Côte d'Ivoire et Afrique de l'Ouest

« En tous pays, il se casse des pots. »
Proverbe islandais.

En fouillant la spécificité de la Côte d'Ivoire, nous avons pensé que, sur le thème abordé dans cet ouvrage, beaucoup d'idées, de concepts, de techniques seraient utilisables dans d'autres pays avec parfois, évidemment, quelques ajustements. En effet, les frontières de la Côte d'Ivoire découpent des groupes ethniques largement représentés dans les pays voisins.

Certes, l'Afrique de l'Ouest francophone est géographiquement immense (plusieurs milliers de kilomètres de la pointe du Sénégal à l'est du Niger), et comprend déserts, savanes, et forêts tropicales. Elle est de degré de développement inégal, de croissance démographique disparate et comprend des peuplements très divers, des langues par centaines, des religions variées dont certaines sont restées traditionnelles, etc. On pourrait multiplier les différences.

Mais, elle a subi le même colonisateur qui lui a imposé une langue officielle unique, le français. Elle a une même banque centrale, la BCEAO (sauf la Guinée). Elle est organisée économiquement dans la CEDEAO. Les pays qui la composent sont liés par d'innombrables accords (dont beaucoup sont lettre morte, hélas !). Les populations y voyagent beaucoup et émigrent tout autant. Et malgré des différences, qui font le bonheur des touristes, elle a un fonds culturel très proche sinon unique, sauf peut-être pour les parties nord du Mali et du Niger, à la géographie bien particulière et liées à d'autres aires culturelles.

Les acteurs

Patron, c'est quoi même ?

« Le chef ressemble à la poubelle. » Proverbe baoulé.

Un patron désigne dans l'usage moderne courant le dirigeant qui a le pouvoir effectif dans une entreprise ou une organisation. Mais le terme, d'usage ancien, a recouvert d'autres significations..

Dans l'Antiquité, le patron est le protecteur de plus faible que lui. Par la suite, un saint patron est le protecteur d'une communauté, d'une paroisse, d'une ville, d'un pays.

Chez les compagnons et les artisans, le patron est celui qui forme l'apprenti.

A l'université, c'est le maître ou le professeur sous la direction de qui on travaille, tel le patron de thèse.

En milieu hospitalier, le patron est le responsable à la tête d'un service.

Le patron désigne aussi le commandant d'une petite embarcation, par exemple de petits bateaux de pêche.

Enfin, dans une organisation ou une entreprise, le patron est celui qui détient l'ultime pouvoir hiérarchique.

De nos jours, ces différents sens se recouvrent en partie, lorsqu'il s'agit du patron dans l'entreprise. Il a la compétence. Il sert d'exemple. Il est responsable. Et aussi il protège. En Afrique, cette idée que le (bon) patron a un rôle protecteur est très vivante. En Côte d'ivoire, par exemple, un équivalent de patron est l'expression «vieux père«, ce qui est très significatif.

Enfin et surtout, il détient le pouvoir, c'est à dire qu'il décide en dernier ressort.

Mais pourquoi détient-il ce pouvoir ?

Il faut distinguer plusieurs cas, celui de l'héritier, celui du *self made man* qui est son propre patron, celui du cadre qui s'est élevé dans la hiérarchie d'une grande entreprise ou d'une administration.

Le premier n'a pas fait grand chose, mais cela lui importe peu. Il fait partie, comme la noblesse française d'avant la révolution, des gens « *qui savent tout sans avoir jamais rien appris* ». Mais comme le dit un proverbe ivoirien « *Quand ramasser est trop aisé, se courber devient difficile.* » Il n'est donc pas certain qu'il ait les attitudes ou les compétences qui seraient nécessaires.

On peut lui rattacher tous ceux qui ont obtenu leur poste par cette variété de favoritisme qu'est le népotisme, qu'il soit familial, ethnique ou partisan. Ils n'ont pas eu non plus à faire leurs preuves de capacités de gestion.

Le second, le self made man a montré des qualités peu ordinaires. Créer une entreprise, la faire prospérer, gagner et conserver des clients, recruter de bons employés, se battre avec une administration pointilleuse, soupçonneuse, et parfois... coûteuse, imaginer de nouveaux produits, prévoir à long terme, demande des qualités diverses et rares. Il est peut-être difficile à vivre, mais au moins il a des compétences nécessaires à son poste. La taille de l'entreprise compte peu, car si la complexité augmente avec elle, les moyens disponibles, humains entre autres, augmentent eux aussi.

Le troisième a au moins démontré qu'il savait monter dans une hiérarchie, ce qui n'est pas non plus à la portée de tous ! Reste à s'interroger sur les moyens employés, selon l'adage «*Il est arrivé, mais dans quel état !*» Reste aussi à se demander si la part de son énergie consacrée à sa carrière n'a pas singulièrement diminué l'énergie consacrée à son travail. On connaît ainsi de ces écrivains comblés de titres et d'honneurs, dont l'œuvre est restée fort mince. On connaît aussi de ces «*apparatchiks*» qui savent si bien faire carrière dans les appareils hiérarchiques politiques ou administratifs, mais ne savent faire que cela et dont l'inconsistance apparaît crûment lorsqu'ils atteignent le sommet. On connaît enfin de ces porte-serviettes dont l'essentiel de la carrière a consisté à servir d'homme à tout faire et souvent de souffre-douleur à quelque patron dont ils ont pris la succession.

Ceci étant, ces trois types ne différent guère psychologiquement, ces individus étant à peu près tous persuadés d'être des personnalités exceptionnelles. Selon une terminologie actuelle un peu journalistique, ils ont un *Ego* sur-dimensionné. Autrement dit, selon une classification plus psychologique, ils sont terriblement narcissiques. Ce qui à l'origine (étymologiquement) veut dire qu'ils sont amoureux d'eux-mêmes et donc n'aiment guère les autres.
Après tout, le Pharaon d'Égypte pensait qu'il était un dieu. Les Empereurs chinois se disaient «Fils du Ciel». Les Empereurs romains étaient qualifiés de « divins » et cela leur paraissait bien normal. Et il ne s'agissait pas de rire des ces prétentions. C'est ainsi qu'Alexandre, dit le Grand par ses flatteurs, fait (ou laisse) assassiner un de ses amis et principaux officiers, parce que celui-ci moquait ses prétentions à être fils d'un Dieu. Un romancier sud américain, Augusto Roa Bastos, familier des dictatures sud américaines, car les ayant subies, intitule un de ses romans : « *Yo, el Supremo* » (Moi, le Suprême) où il décrit la mentalité d'un de ces pantins aussi dangereux que ridicules.

Votre patron n'en est pas là, bien sûr ! Mais n'oubliez jamais qu'il se pense comme ayant des qualités au dessus de la moyenne, et donc des vôtres. C'est le *b a ba* de vos relations avec lui. Les auteurs anciens sont unanimes sur ce point : « *Toute supériorité est odieuse, mais celle d'un sujet sur son prince est toujours folle ou fatale.* » (Gracian)

Et il n'est pas le seul à le penser. L'idéologie dominante, dans les médias par exemple, considère que le chef, lui, a beaucoup de qualités, pour l'excellente raison qu'il y a un glissement constant entre les qualités qu'un chef devrait avoir et celles que les chefs possèdent réellement.

Ces qualités sont d'abord morales. Le chef est juste. Il est ferme bien que compréhensif. Il est un exemple pour autrui sur le plan moral. Il doit aussi savoir être seul, puisque la responsabilité lui incombe à lui seul.

Elles sont également intellectuelles. Le chef imagine, fait des hypothèses, prévoit. Il définit les objectifs, les méthodes pour les atteindre, les moyens de contrôle. Il trouve des solutions aux obstacles.

Elles sont surtout comportementales. Le chef donne l'exemple, par sa compétence et son comportement. Ces qualités comportementales sont surtout relationnelles. Le chef commande, récompense, punit. Il motive, aide, etc.

Un tel ensemble de qualités définit plus un héros de roman, que des personnes réelles. Nous avons donc affaire a une conception mythique du chef et de ses qualités. Et c'est normal, car il ne s'agit absolument pas d'une vue scientifique, mais d'une vue normative et moralisante. Il s'agit plus de justifier la notion de chef absolu et sa nécessité que de comprendre les mécanismes du commandement.

Il faut cependant ajouter quelques mots à la décharge de votre patron. Si le chef ressemble à la poubelle, selon le proverbe ivoirien, c'est que toutes les affaires «gâtées» viennent devant lui et demandent arbitrage ou jugement. Ce n'est donc pas un rôle de tout repos. Et il est seul, quel que soit le nombre de ses conseillers. »*Un roi n'a pas d'amis*» selon le proverbe peuhl

Voici, en français moderne, ce que Rotrou, un ancien auteur français fait dire à un roi qui se plaint des lourdeurs de sa charge :

> Il passe pour cruel s'il veut être juste.
> Il passe pour timide s'il est doux.
> S'il fait la guerre, il fait des malheureux.
> S'il fait la paix, il manque de courage.
> S'il pardonne, il est mou, mais s'il se venge, il est barbare.
> S'il donne, il est prodigue et s'il épargne, il est avare.

Autrement dit, personne n'est jamais content ! Souvenez vous de tout cela lorsque vous serez en désaccord avec lui : Feriez-vous tellement mieux, à sa place ?

Qui est votre patron ?

« Le léopard ne se déplace pas sans ses
taches. » Proverbe africain.

Si l'on en croit ce proverbe, quels que soient les milieux ou les
circonstances, un individu gardera des caractéristiques
identifiables. Il vous faut donc serrer au plus près les
caractéristiques sociales et personnelles de votre patron de
façon à ce que vos actions soient ciblées et efficaces.

Évaluez le système culturel où baigne votre entreprise

On a évidemment remarqué depuis longtemps que l'entreprise
était une invention européenne et donc qu'elle était articulée
autour de concepts et de valeurs, qui au départ n'avaient rien
d'universel. D'ailleurs la plupart des concepts de gestion n'ont
pas d'équivalent exact dans les langues de l'Afrique de l'Ouest
tout au moins, et même en France, on utilise beaucoup les
termes américains. Le terme «cash flow» n'a pas de véritable
équivalent en français, par exemple.

Le capitalisme, l'entreprise, la gestion se sont internationalisés
et sont devenus dominants par rapport à d'autres systèmes de
pensée ou d'organisation. Mais dans bien des cas il s'agit d'une
couche de peinture fragile plaquée sur des réalités
traditionnelles qui sont, elles, fort résistantes. D'ailleurs, il n'y a
pas qu'en Afrique ! Et entre les discours et les réalités, la
coupure s'apparente souvent à une fracture.

L'entreprise s'articule en effet, selon G. Desaunay, autour des structures suivantes :

- des logiques, par exemple celles liées au temps sous la forme de la valorisation du futur, de l'importance accordée à la prévision ou à l'ordonnancement des différents événements dans le temps.

- des valeurs, c'est à dire des préférences collectives propres au système social mais intériorisées par les individus, par exemple l'investissement par rapport aux dépenses de prestige.

- des vertus, c'est à dire des comportements qui ne sont pas dus seulement à la pression d'autrui, mais à une instance personnelle intériorisée, par exemple la prise de responsabilité, la capacité à décider, la capacité à affronter autrui mais sans agressivité, etc.

Or ces structures mentales ne sont pas également prégnantes selon les différents systèmes culturels et sont même parfois tout à fait absentes.

On a remarqué par exemple que dans l'Ouest africain, l'entreprise était souvent plus perçue comme un système de redistribution que comme un système de production des richesses. Comme l'État l'est en Europe où les citoyens demandent à la fois une baisse des impôts et une augmentation des subventions en percevant mal les équilibres économiques globaux ou en refusant d'en tenir compte. Est-ce lié, en Afrique, à la conception traditionnelle du chef, qui d'une part s'enrichit de façon considérable et de l'autre redistribue en partie en favorisant évidemment ses proches ou ses alliés ? On a d'ailleurs remarqué aussi la prégnance des liens familiaux dans les recrutements. Si vous avez un poste, placer un «petit frère» dans la même entreprise est une quasi obligation familiale, quels que soient le problèmes que cela peut poser. «

La parenté est un manteau d'épines. » (Proverbe haussa.)

Ceci fait que le «patron» africain est assez différent d'un supérieur hiérarchique occidental. Il a par exemple, tendance à constituer son service comme une féodalité à base de services rendus à titre individuel en raison d'une allégeance personnelle. Il s'occupera des problèmes personnels de ses subordonnés, par exemple en faisant de petits prêts à la fin du mois, ou même en intervenant dans une «palabre» familiale. Au jour le jour, il servira de conseil, et à terme, il sera le dernier recours.

Une autre particularité africaine est celle du système de décision. En Europe, où beaucoup de pays ont historiquement connu des monarchies absolues, la décision est un acte personnel, solitaire, dont on est entièrement responsable, en principe tout au moins, car les décisions aux conséquences désastreuses sont souvent rejetées sur « le lampiste » qui sert de bouc émissaire. On sait qu'au Japon, la décision est lente, collective, mais contre partie positive, qu'une fois prise, elle est appliquée. Alors qu'en Europe, elle sera souvent contestée à plus ou moins long terme et plus ou moins ouvertement. En Afrique, la décision est également lente, collective, et chacun s'y rallie après une «palabre» parfois fort longue. A titre d'exemple, un village qui devait décider s'il quittait son emplacement pour un autre au bord de la route qui venait d'être construite, mit trois ans à prendre la décision, jusqu'à y avoir impliqué les adolescents. La réactivité, si importante dans le monde moderne, n'est donc pas une des caractéristiques des entreprises africaines.

Une autre spécificité concerne la prise d'initiatives personnelles. Le système éducatif traditionnel, non seulement ne l'encourage pas, mais la réprime parfois sèchement. Se singulariser est assez mal vu et une seule exception est en fait acceptée, la richesse et son ostentation, à condition cependant de donner et de donner sans fin. Fut-ce un peu.

Enfin l'entreprise africaine souffre du regard des occidentaux. « *Mon Dieu, ces gens-là sont différents, différents de nous et donc de la norme* » semblent-ils penser En fait ce regard n'a guère changé depuis les Expositions coloniales ! C'est ce qui encombre l'esprit des experts en tous genres, du membre des cabinets de conseil à l'universitaire. Mais selon le proverbe français : *« La caque sent toujours le hareng. » (*La caque étant un tonneau où l'on empilait les poissons séchés)

Évaluez le système culturel de l'entreprise elle-même

> « Si tu ne connais pas le village, tu y épouses la sorcière. » Proverbe baoulé.

Votre patron et vous vivez dans la même entreprise, c'est à dire que vous êtes tous les deux tributaires de ce que l'on appelle communément «la culture» de cette entreprise.

Cette culture est le plus souvent définie comme l'ensemble des règles qui la gouvernent, qu'elles soient écrites et officielles (dites formelles) ou non écrites et relevant plutôt des habitudes (dites informelles). C'est elle qui dit ce qui se fait (ce qui est approuvé) ou ne se fait pas (ce qui est mal vu) dans telle ou telle situation.

En effet, les entreprises ne sont pas, n'ont jamais été et ne seront probablement jamais organisées en fonction des seules contraintes économiques et techniques. Non point tant parce que les subordonnés sont des êtres humains et qu'il faut en tenir compte, que parce que ceux-là mêmes qui organisent les entreprises, c'est à dire définissent les structures et les procédures sont des êtres humains et que leurs conceptions idéologiques pèsent très lourd dans leur façon d'organiser. Si le contrôle est si pesant, inutile et même anti-économique dans tant d'entreprises et d'organisations au sens large, ce n'est pas tant parce que les subordonnés ont besoin d'être contrôlés (ils doivent l'être, assurément) que parce que des supérieurs éprouvent un violent désir inconscient de contrôle et peut-être même de punition. L'humain, sous une forme ou une autre est donc primordial dans la vie des entreprises.

On peut ajouter que derrière toute conception de la relation hiérarchique, il y a en fait une conception de la nature humaine et une de la nature de la relation entre les hommes. Ces conceptions sont factuelles : l'homme est ainsi fait. Elles sont aussi morales : l'homme doit agir ainsi. Elles sont aussi de l'ordre de la jouissance : je veux que les hommes se conduisent ainsi, car c'est à cette condition que j'ai du plaisir (au sens fort) dans la relation avec autrui.

Il n'est cependant pas indifférent que cette entreprise soit publique ou privée, purement africaine ou filiale d'un groupe étranger (et la France n'est évidemment pas la Chine), de grande taille ou non, bénéficiaire ou plutôt en déficit, en expansion ou luttant pour sa survie, etc. Ceci colorie évidemment son fonctionnement.

C'est à l'intérieur d'un certain type d'entreprise, qu'agit votre patron, et particulièrement qu'il agit vis à vis de vous. et c'est également à l'intérieur des cette culture que vous pouvez répondre à ses comportements. C'est à dire que vous ne pouvez pas faire des choses qui seraient mal vues ou même franchement condamnées. C'est une contrainte mais il faut l'accepter. Mieux, il faut l'utiliser.

Au siècle dernier, on aurait distingué plusieurs types d'entreprise en fonction de leur modèle de management. On distinguait alors des management participatif, autoritaire et laissez faire. Le premier avait un vague air de démocratie : on tenait compte, plus ou moins, des opinions des subordonnés. Le second avait un côté militaire où les ordres se répercutent d'échelon en échelon selon la hiérarchie et où seule l'obéissance est demandée. Le troisième était légèrement anarchique, chacun s'y comportant plus ou moins à sa façon.

Tout ceci n'a plus grand sens. Les entreprises sont désormais orientées vers la recherche presque exclusive de plus-value pour l'actionnaire, l'entreprise en tant que collectivité et surtout collectivité humaine étant pratiquement oubliée. Elle est devenue une «vache à lait», qu'on peut revendre, restructurer, dépecer, fermer, etc. Et le management est orienté vers la recherche d'efficacité surtout financière, quels que soient les moyens employés. Mais après tout, « *les affaires c'est l'argent des autres.*»

Certes les discours continuent à mettre l'humain à la première place, mais entre les paroles et les actes, il y a une marge de plus en plus grande. Tenez-en compte dans le management de votre patron. Quelque soit son discours, ce qu'il vous demande c'est de la rentabilité financière ou du moins d'y contribuer, en fonction de votre poste. Car c'est ce qu'on lui demande à lui.

Le fait que l'entreprise soit publique ou privée ne change plus grand chose. Même les administrations sont soumises à des règles de rentabilité de plus en plus strictes... et parfois contre-productives pour la population. Mais ceci est une autre histoire.

Cela est sans doute moins vrai pour les entreprises et surtout les administrations ivoiriennes que pour les entreprises occidentales, mais elles y tendent aussi et ne pourront pas longtemps rester en dehors de la déferlante de la mondialisation. Le FMI y veille, jalousement !

On méditera la fable suivante, qui date de la fin du 18° siècle, mais garde son actualité. « *Soit une machine qui donne un coup d'épée dans l'eau par minute. On porte sa cadence à dix coups par minute. On demande de combien est alors augmentée l'efficacité de la machine ?* » Les experts des cabinets-conseils pensent en général que l'efficacité est multipliée par dix ! Mais après tout, c'est ce qu'ils ont conseillé. En le faisant payer fort cher !

La structure hiérarchique

Dans la plupart des entreprises, il y a une et une seule pyramide hiérarchique dans laquelle tous les servies prennent place. C'est la situation la plus fréquente dans les entreprises ou les administrations africaines, qui ont un sens hiérarchique aigu, plus ou moins lié aux systèmes traditionnels. Et on a remarqué que beaucoup de cadres ivoiriens sont mal à l'aise dans les entreprises relevant d'autres systèmes.

Dans ce cas, vous avez un patron et un seul qui dépend lui même d'un seul patron. C'est le système le plus simple pour vous. C'est aussi celui où vous avez le moins de liberté d'action, car vous ne pouvez jouer les différents chefs les uns contre les autres. Il y a bien quelques services fonctionnels, comme le service du personnel, de faible poids ou celui de la communication, généralement de poids nul.

Dans certaines entreprises, il y d'autres services fonctionnels, tels que le marketing auprès du service commercial ou le contrôle de gestion auprès de la comptabilité. Le plus souvent ils ont un rôle de conseil, de mise en place de procédures, mais peu d'autorité hiérarchique. On peut donc dans certains cas, les jouer les uns contre les autres. Avec prudence, évidemment.

Actuellement, certaines entreprises, rares en Afrique, sont organisées très différemment. Le cas le plus fréquent est une organisation «par projet», c'est à dire que pour remplir telle ou telle mission, on constitue une cellule de plusieurs personnes, généralement de compétences différentes, avec un responsable. Autrement dit chaque projet a un responsable différent. Les hiérarchies sont donc alors très fluctuantes. Ceci a l'avantage de la souplesse et de la réactivité et les inconvénients du flou, les responsables de ces projets étant plus ou moins à l'aise avec la gestion d'équipes. Dans ce cas, vous changez de patron lorsque le projet arrive à terme. Avantage : çà change, parfois en mieux. Inconvénient : il faut régulièrement repartir à zéro dans la gestion d'un autre patron !

Le système hiérarchique : pouvoir, autorité, leadership

Qu'est-ce que le pouvoir ?

Le premier fondement du pouvoir est sans aucun doute la violence. Le pouvoir plonge ses racines dans la force, et particulièrement dans cette forme brute du commandement qui est celle du Maître sur l'esclave. Et l'esclave c'est d'abord celui qui a été vaincu, soit qu'il n'ait pu prendre les armes (femmes, enfants), soit qu'il n'ait pas su mourir les armes à la main. L'esclave est un mort en sursis sur lequel on a toujours droit de mort. Il doit donc tout accepter, sauf perdre la vie. Cette violence du pouvoir n'est pas toujours physique ni aussi directe, et de nos jours elle est atténuée au point qu'il n'en reste que des traces. Mais il est toujours bon de ne pas perdre de vue, surtout lorsqu'on commande, que celui qui obéit sent toujours quelque part qu'on lui fait violence.

Le deuxième fondement du pouvoir est probablement le sacré. Il est assez curieux que le mot hiérarchie continue à être utilisé dans les organisations et les entreprises, car il signifie que le commandement est dévolu à ceux qui ont un caractère sacré. Ceci rappelle qu'une des racines du pouvoir est le caractère de celui qui l'exerce et que c'est ce caractère sacré qui en est la justification.

De très nombreuses sociétés humaines fréquentes en Afrique, que l'on appelait abusivement autrefois archaïques ou primitives, et que nous nommerons traditionnelles, ont à leur tête un chef ou un roi. Il peut être élu par les anciens ou accéder à ce poste par hérédité. Très souvent, son autorité est assez limitée sur le plan politique par un Conseil des anciens, ou des organisations sociales telles que des sociétés secrètes, ou d'autres personnages tel qu'un chef de guerre. L'essentiel de la fonction d'un tel personnage est d'ordre magico-religieux. Il est pontife au sens étymologique du terme, c'est-à-dire qu'il fait le pont entre le monde terrestre et l'au-delà. C'est sa capacité à entrer en contact avec l'au-delà que lui permet d'assurer sa fonction sociale qui est d'instituer, de maintenir ou de restaurer les éléments nécessaires à la vie du groupe, dont particulièrement la fertilité du sol et de tout ce qui est vivant. Proche du sacré, fabriquant du sacré (par les sacrifices), il a lui-même un caractère sacré. Ce type de personnage, extrêmement répandu, montre qu'il y a eu chez l'homme de très fortes raisons psychologiques qui tendent à assimiler chef et sacré. Ces raisons n'ont probablement pas disparu. Certes, nos sociétés se sont démocratisées, laïcisées, etc. Mais le surgissement répété des Führer, Caudillo, Duce, Guide, Sauveur ou Père de la patrie laisse à penser que l'équation : chef = sacré reste très vivace.

Quant au troisième fondement du pouvoir, il peut être trouvé dans les expériences archaïques de l'individu. En effet, le petit enfant est entièrement livré au bon plaisir des adultes. Il lui faut de nombreuses années pour devenir capable de survivre seul. Cette très forte dépendance de l'enfant vis-à-vis des adultes est sans doute une des sources psychologiques du pouvoir. Chacun de nous a, autrefois, fortement ressenti que seul il ne pouvait rien, et que sa vie dépendait du bon vouloir d'autrui. Ceci développe généralement des sentiments fortement ambivalents : amour et haine en proportions diverses. Ceci pourrait expliquer la fin ignominieuse de tant de chefs et de dictateurs. La roche Tarpéienne (lieu des supplices) est proche du Capitole (lieu des triomphes) disaient les Romains. En effet, vis-à-vis du chef, l'amour est proche de la haine. Plus près de nous, ceci pourrait expliquer que, lorsqu'un « grand patron » quitte son entreprise, il est si rapidement oublié.

De façon générale, cette ambivalence a une très grande importance dans les entreprises et les organisations. Du sentiment d'amour découle une identification fréquente des subordonnés aux responsables, et le fait que certains responsables puissent «tout demander» à leurs subordonnés. Du sentiment de haine, souvent caché parce que refoulé ou parce qu'il serait impudent de le montrer, découlent de nombreux blocages ordres mal compris, mal exécutés, etc.

Le quatrième fondement du pouvoir réside dans le savoir. Au départ, la connaissance a été une dimension magique. Savoir, c'est connaître ce qui peut faire agir les forces extraterrestres, qu'elles soient céleste ou infernales. Savant et magicien sont alors proches l'un de l'autre, comme dans la notion de démiurge. Le savoir a donc une dimension sacrée lui aussi. A un niveau plus contemporain et laïque, une des sources du pouvoir, c'est l'utilisation de connaissances auxquelles les autres n'ont pas accès.

De nos jours, le savoir est une des justifications du pouvoir. Remarquons que le même pouvoir contrôle de façon très suivie l'accès à ce savoir. Il y a donc une espèce de circuit fermé : du savoir découle du pouvoir, et du pouvoir découle du savoir.

Qu'est-ce que l'autorité ?

Le premier fondement de l'autorité est également son caractère sacré. Dans la tradition occidentale qui imprègne encore si fortement nos contemporains, il n'y a, au fond, qu'un seul auteur, c'est Dieu, et une seule œuvre qui fasse autorité, c'est la Bible, parole de Dieu. D'une certaine manière, c'est sur ce modèle que se sont bâties toutes les autres autorités.

A défaut de ce caractère sacré, ce qui fait autorité, c'est la tradition. C'est ainsi que, durant tout le Moyen Âge européen, l'autorité d'Aristote, qui justifiait tout, se renforçait constamment d'avoir été citée par des auteurs qui, à leur tour, faisaient autorité. Le caractère de cette autorité de la tradition c'est qu'elle dispense de toute vérification. L'observation de la réalité ne peut lui être opposée. C'est ainsi qu'à la Renaissance, des auteurs décrivent et dessinent des plantes, d'après les auteurs anciens, puis ajoutent qu'on ne les a jamais vues et qu'on doute de leur existence. Par un phénomène qui est commun à toute pensée magique, l'expérience contraire n'entame jamais la croyance.

Le deuxième fondement de l'autorité, c'est une information significative. Pour reprendre l'exemple d'Aristote, on peur noter que ce qui lui donne aussi de l'autorité, c'est d'abord l'information considérable qu'il rassemble. C'est aussi la cohérence que le système sous-jacent donne à l'ensemble de cette information. C'est enfin la possibilité d'intégrer d'autres informations dans l'ensemble déjà existant. Ces caractères peuvent être renfermés dans un seul : l'œuvre donne du sens, elle rend signifiants des éléments jusque là épars et qui, isolés, relevaient du hasard. Ils relèvent désormais d'une certaine nécessité.

De façon plus générale et plus proche des organisations, une des sources de l'autorité, c'est là compétence. Celui qui comprend ce qui se passe, qui sait traiter l'information disponible, qui sait préparer des objectifs et des plans d'action, celui-là dispose généralement d'une autorité reconnue par autrui.

Le troisième fondement de l'autorité, c'est la capacité à aider un groupe à assurer les différentes fonctions nécessaires à l'accomplissement de la tâche qu'il s'est fixée. Il va de soi que cette dimension de l'autorité est liée à la précédente. La compétence d'un dirigeant de groupe s'exerce d'abord vis-à-vis du groupe lui-même. Ce que le leader assume, c'est la satisfaction des besoins fondamentaux du groupe : définition de la structure du groupe, de ses objectifs, de ses méthodes, de ses moyens, de son type de contrôle, de ses communications, ceci sur le plan intellectuel. Mais aussi, sur le plan affectif, non moins important, satisfaction des besoins affectifs du groupe : acceptation, entraide, affection; contrôle de l'agressivité, mais rejet des déviants ; assurance contre l'agressivité des autres groupes, etc.

L'autorité, c'est donc ce qui met en circulation des significations qui ont du sens pour d'autres, et que ces derniers utilisent. L'autorité est acceptée ou refusée en fonction de son efficacité. Certes, l'habitude joue, et celui qui a pris de l'autorité peut l'utiliser, par la suite, en dépit d'une efficacité faible ou nulle. Mais cela ne dure qu'un certain temps.

Qu'est-ce qu'un leader?

Ce qui est intéressant ici, c'est que le leader ne peut être défini en soi. Il ne peut être défini que par rapport à un groupe. Ne serait-ce que parce que le leadership est au fond une fonction de groupe, qui peut être assurée par plusieurs individus différents à des moments différents pour des tâches différentes. Évidemment, le plus souvent, c'est toujours la même personne.

Ce que le leader assume, c'est la satisfaction des besoins fondamentaux du groupe : définition de la structure du groupe, de ses objectifs, de ses méthodes, de ses moyens, de son type de contrôle, de ses communications, ceci sur le plan intellectuel. Mais aussi, sur le plan affectif, non moins important, satisfaction des besoins affectifs du groupe : acceptation, entraide, affection; contrôle de l'agressivité mais rejet des déviants et aussi assurance contre l'agressivité des autres groupes ; etc.

C'est ainsi que l'on est parvenu à établir une liste quasi exhaustive des fonctions du leader. Il doit être : planificateur, expert, représentant du groupe, arbitre, exemple, symbole du groupe, image du père, capable de définir la politique, de la mettre à exécution, de contrôler les relations entre les individus, etc.

Le leader a donc une influence importante sur la performance du groupe, car il est celui qui contribue plus que les autres à cette performance. Mais si cette contribution est plus importante, elle n'est pas exclusive. Surtout, elle est beaucoup moins liée à la personnalité de tel ou tel individu qu'à sa fonction au sein du groupe, cette fonction apparaissant elle-même comme une propriété structurelle du groupe.

En fait, c'est statistiquement qu'on est leader ou suiveur, car suivant les circonstances, certains seront dirigeants ou dirigés. Le leader, c'est celui qui est dirigeant plus souvent que les autres, c'est à dire qui aide fréquemment le groupe à accomplir ses tâches. Nous disons ses tâches, car si le groupe a une tâche visible à accomplir, celle qu'il s'est fixée et pour laquelle il s'est constitué, cette première tâche nécessite pour être accomplie que d'autres tâches le soient également, autrement dit, que certaines fonctions soient assurées.

La première fonction que doit assurer un groupe pour accomplir sa tâche, et que facilite le leader, est celle de la constitution même du groupe. Une fois cette formation accomplie, la fonction suivante est d'assurer le maximum de participation des individus qui, formellement, constituent le groupe, en évitant la formation de sous-groupes en lutte, en favorisant l'intégration des membres périphériques, en empêchant qu'il y ait des isolés. Mais le groupe doit aussi assumer l'exclusion des membres qui ne sont plus d'accord avec les objectifs ou les méthodes, ou qui ne trouvent pas dans le groupe la satisfaction de leurs besoins affectifs, ou qui troublent la satisfaction des autres.

Un autre ensemble important de fonctions est de type intellectuel. Le groupe doit définir ses objectifs, prendre des décisions c'est à dire émettre des préférences collectives quant aux conséquences entraînées par le choix qu'il fera, émettre également des probabilités collectives quant à l'occurrence de ces conséquences. Il doit également prévoir des moyens d'actions et des moyens de contrôle. Il doit aussi assurer une circulation suffisante de l'information. Il doit enfin faire preuve d'imagination et de créativité.

Viennent ensuite les fonctions politiques. Fonctions internes de récompense et de punition (police, justice). Fonctions externes de représentation auprès des autres groupes, de négociation avec eux, éventuellement de lutte contre eux.

Ces différentes fonctions ne sont pas assurées par le leader seul, nous l'avons dit, car selon les besoins du groupe telle ou telle personne, en fonction de ses compétences, aidera le leader ou se substituera partiellement ou totalement à lui. Il en est de même dans le domaine affectif. Suivant les circonstances et les besoins du groupe, tel ou tel membre assurera telle ou telle fonction : rassurer ou entraîner, aimer ou rejeter, consoler ou mettre devant ses responsabilités.

Le leader a une autre fonction important qui est de l'ordre de l'affectif. C'est sur lui, en effet, que se concentre une très grande partie des sentiments et c'est de lui qu'on attend une réponse à ces sentiments. Ces sentiments sont le plus souvent largement inconscients et donc sont inconnus des personnes intéressées, soit fortement ré-interprétés dans un sens socialement acceptable : on admire officiellement quelqu'un que l'on aime inconsciemment. Ce point est très importants car il explique très largement des phénomènes de groupe et des relations avec le leader, étonnamment irrationnelles, qui ont une influence considérable sur la tâche à accomplir.

A l'extrême, le leader est un pervers manipulateur qui a une intuition aiguë des failles psychologiques de ses suiveurs et qui sait les exploiter, souvent de façon inconsciente. *« Suivez moi et je vous emmènerai au bout du monde. Et je vous ferai participer à des plaisirs dont vous n'avez même pas idée. »* pourrait être la substance de son message. Cela n'est jamais exempt d'une menace sous-jacente : si vous ne me suivez pas, vous allez tomber dans un solitude effroyable, celle de l'absence de Dieu, qui a longtemps été la définition même de l'enfer chrétien. C'est particulièrement net avec les leaders dits charismatiques

On voit la variété des fonctions remplies par le leader au service des inconscients des individus. Ces fonctions sont extrêmement importantes et elles seules peuvent expliquer des fonctionnements de groupe qui, sur le plan rationnel de la tâche à accomplir, de la survie du groupe en tant que tel et des relations avec les autres groupes, paraîtraient aberrantes.

Et votre patron ?

Dans une entreprise, le pouvoir (celui de vous licencier, par exemple) et l'autorité (celle de la compétence professionnelle, entre autres) sont intimement liées et généralement, en principe les deux vont de pair. Dans les ateliers d'un camp de concentration, le pouvoir l'emporte totalement. Dans une coopérative ouvrière, c'est l'autorité qui domine. Dans un groupe moins formel, par exemple une équipe sportive, c'est le leadership qui est important.

Dans les entreprises, suivant les époques, les pays, les régimes politiques nationaux, le fait que l'on soit dans une entreprise manufacturière ou dans une de services, le type de propriété du capital, etc. l'un ou l'autre domine. Cela fait partie de la culture de l'entreprise, et vous n'y pouvez pas grand chose.

Mais le point le plus important ici c'est que votre patron lui-même peut plus ou moins pencher, à titre personnel vers l'une ou l'autre de ces formes de «gouvernement». Ce sera à prendre en considération lorsque vous aurez à décider comment le gérer.

Le système de communication

Dans certaines entreprises, on communique essentiellement par entretiens en face à face, dans d'autres par réunions, dans d'autre par notes de service.

Dans les deux premiers cas, il faut que vous appreniez à gérer au mieux ce type de rencontres (nous y reviendrons) et dans le dernier à lire entre les lignes. Et aussi à utiliser la pratique du classement vertical, celui qui va directement de votre bureau à votre corbeille à papiers. Archivez des doubles cependant.

La gestion du temps

«Le temps, c'est de l'argent. » Proverbe français.

Et c'est de l'argent dans presque tous les pays du monde, sauf peut-être en Côte d'Ivoire où dit-on, *«Ici, les journées ont trente heures»*. Et de fait, il y a beaucoup de nonchalance dans bien des comportements en entreprise. Ce qui a toujours considérablement agacé les européens. Mais les européens ont aussi toujours agacé les africains sur ce point : *«Les Blancs ont toujours une montre, mais jamais le temps»* , selon un proverbe ivoirien.

La gestion du temps est donc différente en Côte d'Ivoire de celle qui règne dans beaucoup d'autres pays. Si vous êtes ivoirien pur sucre, vous avez l'habitude. Sinon, il faudra vous y faire, sans vous énerver et surtout sans laisser voir un éventuel agacement. Votre supérieur n'apprécierait pas. Vos collègues encore moins.

Le système de politesse et le statut de chacun

> « Même devant le diable, on allume un cierge. » Proverbe espagnol.

En Côte d'Ivoire, et en Afrique en général, le système relationnel est très codifié et on y utilise beaucoup de marqueurs du statut de chacun, en particulier les titres.

Par exemple, lors du discours tenu par le Premier ministre ivoirien, lors de la Fête du Travail en 2014, ce dernier salue nommément au début de son discours dix neuf personnes ou groupes de personnes. A titre de comparaison, le Président américain Obama, lors de son discours sur l'état de l'Union, la même année, se contente d'en saluer quatre. Dans un de ses discours, le Président chinois en salue quatre également. Et lors d'un discours solennel devant la Douma (la Chambre de députés), à propos de la Crimée, le Président russe Poutine salue les seuls députés. Les différences sont donc considérables.

Beaucoup de réunions sont ainsi peu efficaces, car on prend beaucoup de temps à des tours de table apportant peu d'informations mais marquant le statut de chacun par des phrases qui ramenées à l'essentiel veulent simplement dire : j'existe, et il faut en tenir compte.

Si vous êtes ivoirien, n'avez guère quitté la Côte d'Ivoire et travaillez dans une entreprise ivoirienne, cela n'a guère d'importance car vous avez l'habitude et vous vous comportez comme les autres.

En revanche, dans d'autres milieux, ce système de politesse apparaîtra grandiloquent et creux et donc agacera. »*Ils enchaînent des phrases françaises très pompeuses, avec des prises de paroles, avec des tas de figures de style qui donnent de l'importance au personnage qui parle et au public qui écoute. Ces phrases sont enchaînées, sont enfilées les unes après les autres sans qu'on aboutisse à un sens quelconque.* » dit un européen.

Conformez-vous aux habitudes régnant dans l'entreprise, qu'elles vous plaisent ou non.

Identifiez des comportements habituels de votre patron

> « On connaît l'arbre à ses fruits. » Mathieu, 12, 33.

Aime-t-il les dépenses somptuaires ?

> « J'aime qu'on me regarde dépenser. » Une ivoirienne.

C'est à dire aime-t-il les dépenses qu'on fait pour « épater la galerie » et non par nécessité ou à titre d'investissement.

La Côte d'Ivoire, en tant que pays, a connu quelques « éléphants blancs », c'est à dire des investissements considérables, mais faits à perte, qui ne profitent qu'aux fournisseurs et alourdissent la dette nationale. Certes ils augmentent momentanément le prestige des commanditaires, mais ils ne sont finalement que du gaspillage.

Un pays, relativement petit et pauvre, devait-il se doter de deux capitales, une économique et une administrative, même pour des raisons politiques ? La cathédrale de Yamoussoukro devait-elle être aussi grande que celle de Saint Pierre de Rome, destinée, elle, à toute la chrétienté ? Et l'aéroport de cette ville, de taille à accepter des long-courriers internationaux ?

Les particuliers ne sont pas en reste. Funérailles, mariages ou simples anniversaires avec des centaines d'invités, voitures de luxe ou montres de grandes marques, climatisation poussée jusqu'au glacial, champagne à la moindre occasion, enfants vêtus d'habits griffés, etc. Il suffit de regarder autour de soi.

Ces dépenses sont le plus souvent du gaspillage pur et simple pour des budgets toujours assez serrés. Si votre patron gaspille dans sa vie privée, qu'en est-il dans ses fonctions d'entreprise ? Et en quoi cela affecte-t-il votre service ou vous même ?

Est-il avide d'argent ?

> « Ce qui n'est pas dans sa poche n'est pas à sa place. » Proverbe marocain.

Tout le monde aime l'argent, car selon le proverbe russe :*«Nul n'a jamais été pendu avec de l'argent dans sa poche. »* Mais il y a des degrés... Ou plutôt des degrés dans les actes que l'on est prêt à faire pour se le procurer. Pour certains individus tous les moyens sont bons.

Et si votre patron était dans ce cas ? Et si vous étiez un de ces moyens ?

Est-il endetté ?

> « Affaire d'argent, c'est pas petit n'affaire. »
> Dicton ivoirien.

Si votre patron est endetté, il est fragilisé, car il passera plus de temps à courir après l'argent qu'à améliorer son efficacité. Ce n'est pas forcément une bonne nouvelle pour vous, car vôtre propre efficacité est tributaire de la sienne ! Il vous faudra donc compenser par une quantité, et une qualité de travail supplémentaires.

Quelles sont ses phrases favorites ?

En voici quelques exemples.

« Je veux des gagnants » ou s'il a fait des études dans l'univers anglo-saxon : *« Je veux des winners »*. Autrement dit, il veut être entouré d'une équipe qui gagne, mais on peut interpréter et penser qu'il veut surtout être entouré d'une équipe qui le fasse gagner, lui, et donc l'aider dans sa carrière.

«Je ne supporte pas l'incompétence». Personne ne la supporte, en tout cas chez les autres. Ce qu'il sous entend plus ou moins c'est que ses collaborateurs, ou du moins certains d'entre eux, n'ont peut-être pas toute la compétence requise. En feriez-vous partie à ses yeux ? Vérifiez !

Collectionnez les phrases qui reviennent souvent dans sa bouche, puis essayez de comprendre leur sens sous-jacent. Celui qui peut vous affecter, soit quant à l'opinion qu'il a de vous, soit quant à son comportement envers vous.

Quelles sont ses sympathies ou antipathies instinctives ?

Beaucoup d'individus ont des sympathies ou des antipathies immédiates qu'ils justifieront par la suite avec tous les arguments possibles, même les moins plausibles, et même totalement irréalistes. Si vous cherchez à comprendre pourquoi, vous pouvez noter assez facilement ce qui dans le comportement de tel ou tel individu justifie que votre patron ait pour lui de la sympathie. Souvent, il s'agit d'un comportement qui se rapproche de celui qu'ont certains animaux vis à vis de l'animal dominant de leur groupe, celui de la soumission visible, presque ostentatoire. Quant à ses antipathies, elles découlent de l'inverse.

Repérez certaines de ses caractéristiques relationnelles

Autrefois, celles-ci auraient été dérivées d'une ou de plusieurs théories psychologiques, «scientifiques» ou se présentant comme telles. Ces dernières sont de nos jours largement dépassées, tel le roman psychanalytique, mais n'ont pas été vraiment remplacées. En attendant ce que les neurosciences auront à nous dire, nous nous contenterons donc de types de «bon sens». Après tout ce qui compte pour vous c'est de savoir comment agir dans tel ou tel cas, et non de rechercher une quelconque «vérité». D'ailleurs, « *Qu'est-ce que la vérité ?*» aurait dit un certain Ponce-Pilate (Jean, 18, 38)

Non, ce n'est pas un sorcier !

« A part les démons imaginaires, il n'en existe point d'autres. » Proverbe tamil.

En Afrique, des centaines de prophètes ou de guérisseurs font des sermons, publient des livres, passent à la télévision, affirmant que les sorciers sont parmi nous, nous menacent, mais qu'ils peuvent contrer ces menaces... moyennant finances, évidemment !

Les sorciers n'existent effectivement que dans la tête des gens qui croient qu'ils existent. Si vous voyez votre patron sous cet angle, vous perdez toute rationalité et donc tout moyen de le gérer efficacement. Et même l'Église catholique romaine ne croit plus guère aux démons et donc aux exorcismes. Et elle en pratique de moins en moins. Faites comme elle ! Ne sombrez pas dans des peurs irrationnelles !

Sa relation avec lui-même

Il est au centre de l'univers

> « Il s'écoute, il se plaît, il s'adonise, il s'aime. » J.B. Rousseau.

Longtemps, les être humains ont cru que la Terre, leur terre, était au centre de l'univers et que le soleil tournait autour d'elle. On a même condamné à mort et exécuté quelques excentriques qui n'étaient pas de cet avis. Il a fallu des siècles pour admettre que la Terre n'était qu'une des planètes tournant autour d'un soleil, lui-même perdu dans une immense galaxie, elle-même perdue parmi des milliards d'autres.

Longtemps aussi, le jeune enfant se croit le centre du monde, et il lui faudra des années d'éducation, pour admettre, plus ou moins et parfois pas du tout, que d'autres, non seulement existent mais ont le droit d'exister.

> *«Un homme qui s'aimait sans avoir de rivaux*
>
> *Passait dans son esprit pour le plus beau du monde. »*
>
> La Fontaine, fables

Certains individus n'acceptent jamais complètement de perdre ce sentiment enfantin, et se pensent plus ou moins comme un Roi-Soleil qui organise et gère l'univers en fonction de ses désirs et de ses craintes. Ils sont plus fréquents en haut de la hiérarchie, soutenus dans leur opinion par leur réussite, et les flatteries de leurs courtisans, mais il ne manque pas de «petits chefs» ayant le même travers.

Il vous faudra une échine souple car vous n'êtes qu'un satellite ! Alors faites comme eux. Tournez autour, mais à bonne distance. Cependant proclamez fréquemment les bienfaits du soleil, source de toute vie.

Il se prend pour un chef ... plus ou moins traditionnel

«Vous n'avez rien d'un roi, sauf le désir de l'être. » Rotrou, Wenceslas.

Autrement dit, il en rajoute, comme on dit populairement. *»Dans ma famille, on a la chaise«* (sous entendu «royale», évidemment). Bien des gens, même «de basse extraction», se prennent pour ce qu'ils ne sont pas, pour peu qu'ils aient réussi, ou du moins le croient-ils ou en ont-ils les apparences. Et chacun, quitte à se priver, vivre de crédits, et passer son temps à chercher de quoi les rembourser, veut faire accroire sa réussite

«Tout bourgeois veut bâtir comme les grands seigneurs,

Tout petit prince a des ambassadeurs,

Tout marquis veut avoir des pages. »

La Fontaine, fables

C'est un travers typiquement ivoirien où tout le monde veut commander, hérédité ou non, compétence ou non, séniorité ou non, électeurs ou non, et parfois élections ou non ! Évidemment, cela pose quelques petits problèmes : *«Je suis seigneur, tu est seigneur, qui va garder le troupeau ?»*

(Proverbe lituanien)

Caractéristique physique, il est plus ou moins en surpoids, un des apanages des chefs traditionnels étant qu'ils mangeaient à leur faim, et même souvent un peu plus, étant puissants et donc riches et voulant le montrer. C'était significatif dans des sociétés où l'alimentation était souvent problématique pour beaucoup et où le gaspillage était synonyme de puissance.

Exemple contemporain. Dans une école, il faut élire un bureau des élèves. Il y a douze élèves en classe terminale. Après de longues palabres, on élit un Président et onze Vice-présidents. Pourquoi pas, après tout ?

Sa relation avec ses propres supérieurs

Il est courtisan

«Que le Roi ait raison ou qu'il ait tort, il a toujours raison. » Dicton bambara.

Ses chefs sont merveilleux et il le proclame haut et fort. D'ailleurs il les cite à tout propos et parfois même hors de propos; vous semble-t-il

Soit c'est simplement une attitude et cela marque seulement qu'il est ambitieux et qu'il se donne les moyens de son ambition. Soit il n'en est même pas conscient et il a une personnalité de caméléon. Et il prendra toujours la couleur du plus puissant. Et donc pas la vôtre !

Étant lui-même courtisan, il attend de vous que vous le soyez également. N'hésitez pas à proclamer fréquemment vous aussi, combien il est lui même merveilleux.

Il est indépendant

C'est rare et il faut donc en profiter. Vous pouvez peut-être conclure une alliance avec lui, en étant vous-même indépendant, mais de plus courtois et... manifestement disponible. Il ne s'agit évidemment pas d'une alliance formelle, mais il s'agit de vous comporter vis à vis de lui comme si vous étiez alliés de fait. Attention, vous êtes le subordonné, et donc vous faites plus pour lui qu'il ne fait pour vous. Pour l'instant du moins.

Il veut prendre la place de son propre patron

Introduisons par une caricature de Gbich! (n° 607) Un patron rentre dans son bureau et trouve son remplaçant assis à son bureau, cigare aux lèvres et ayant déjà accroché son propre portrait à la place d'honneur. Il a manifestement pris l'entière possession des lieux... et du poste.

«- Ah bon! M. Dagou, je vous confie mon poste pour deux jours seulement et c'est comme çà que vous vous comportez ?!

- Aah! si tu me parles comme çà, je te renvoie !»

L'histoire du pouvoir humain est emplie de fils qui veulent succéder à leur père sans attendre son décès, de chefs d'État-major qui prennent la place de leur Président de façon violente, etc. Cela a d'ailleurs fait le thème d'innombrables tragédies.

Inutile de vous embarquer vous-même dans ces tragédies. Attendez. En prenant un poste supérieur, il libérera son poste pour vous

Vous pouvez aussi l'aider, mais sans trop vous faire remarquer. Question d'efficacité mais aussi de morale personnelle.

Sa relation avec vous... et ses autres subordonnés

«La crainte du léopard fait la force du léopard. » Proverbe ibo.

Le type de relation affective avec les subordonnés

« Ce n'est donc pas les simples effets extérieurs de l'obéissance des hommes qui sont l'objet de l'amour des ambitieux; ils veulent commander à des hommes et non à des automates, et leur plaisir consiste dans la vue des mouvements de crainte, d'estime et d'admiration qu'ils excitent dans les autres. » Arnaud et Nicole ., La logique ou l'art de penser,

De cette relation affective, généralement, ni le responsable ni le subordonné ne sont conscients. Ce qui veut dire conséquemment que ce qui en est perçu, l'est souvent de façon très déformée. Aucun responsable n'admettra sans doute jamais qu'il est jaloux d'un de ses subordonnés et pourtant... Peu de subordonnés admettront qu'ils sont séduits, ce qui leur assignerait une position passive qu'ils récuseraient, et pourtant...

Cette relation affective est fondamentale, ne serait-ce que par sa stabilité, et par son influence sur la vie quotidienne et finalement sur l'efficacité des individus, leur bonheur et peut-être leur vie : combien d'ulcères d'estomac, sinon de maladies plus graves, sont causés par de mauvaises relations entre un supérieur et son subordonné ?

L'importance, la place et l'utilisation de cette relation affective sont rarement reconnues.. C'est du psychologique et donc du secondaire, bon pour les femmes, les enfants et les faibles, pense-t-on en général. Il va de soi que son importance reste cependant considérable, mais n'étant pas reconnue comme telle, ni régulée, ni gérée, elle est la source d'innombrables blocages insolubles. ces derniers n'étant pas eux-mêmes reconnus, ils ne peuvent évidemment être traités.

Sa place non plus n'est pas reconnue. Il y a confusion des

genres. Des difficultés de l'ordre de la relation affective sont traitées comme des désaccords intellectuels. En revanche, des désaccords intellectuels sont infiltrés et pervertis par des problèmes affectifs. Il y a de constants déplacements d'un domaine à un autre. C'est une seconde source de non résolution de ces difficultés.

Enfin, l'utilisation de la relation affective est pervertie. On ne cherche pas à instaurer un climat adulte de compréhension, de collaboration et de respect d'autrui. Chacun s'enferme dans une jalousie féroce mais en même temps prétend être aimé et être aimé seul.

La relation affective doit donc être reconnue comme telle, comme une dimension incontournable de la relation avec autrui, même si apparemment cette relation est purement intellectuelle et à l'occasion du travail, et elle doit être gérée prudemment et de façon adulte.

Nous ne parlerons pas ici des relations amicales, constructives, qui existent, heureusement, entre beaucoup de supérieurs et de subordonnés. Les bonnes relations sont faciles à identifier. Nous nous en tiendrons donc aux formes pathologiques.

La violence

Dans la relation de violence, ce qui anime le supérieur c'est moins d'imposer sa volonté que de faire voir qu'elle s'impose et que le subordonné le ressent profondément. Pour ce faire, le plus souvent, le supérieur sera en désaccord quasi permanent avec les dires, les comportements, la personnalité même de ses subordonnés. Il soulignera ce désaccord et en tant que supérieur tranchera à tous les coups dans le sens contraire à celui de son subordonné.

Cette violence peut être presque physique : refus de tel avantage ou de telle facilité ou de telle satisfaction. Elle peut être symbolique ou presque symbolique : imposition des idées, des initiatives, des goûts, des façons de vivre. Elle peut s'abriter derrière l'organisation : respect tatillon de procédures dépassées, dont on respecte la lettre en en transgressant l'esprit, application rigide du règlement, etc. Elle peut aussi transgresser les règlements au nom de l'initiative, si le subordonné justement, veut s'abriter derrière les règlements.

Face à cette violence, la plupart des subordonnés «s'écrasent», car ceux qui résistent ne font pas long feu. Ils n'offrent guère de résistance, à tel point que le supérieur s'étonne de leur «manque de personnalité».

La punition

Ce qui compte ici, c'est moins d'imposer que de prendre en défaut de façon à pouvoir punir une faute le plus souvent provoquée. Dans une relation basée sur la punition, le style peut n'être donc pas très autoritaire et prendre des allures de participation : faites à votre idée (inconsciemment sous-entendu, vous ferez mal et c'est ce que je cherche). Il peut même prendre des formes presque aimables, du genre de celles que peut prendre un mari : «Ah ! ma pauvre chérie, tu vois ce qui arrive !» Le plus souvent cependant c'est un style assez sec. Dans une forme particulièrement perverse, la relation est organisée de façon telle que le subordonné consent à sa punition. Parfois même il tombe dans le piège de façon si régulière que là aussi on s'aperçoit que le jeu se joue à deux.

La relation punitive est souvent facilitée ou organisée par un certain flou organisationnel : fonctions mal définies ou qui se chevauchent, délégation d'initiative mal précisée, autorité non confortée devant d'autres subordonnés. Une certaine autonomie est alors laissée, mais le flou des règles du jeu permet de toujours prendre l'autre en faute : quand une initiative est prise, il ne fallait pas la prendre. Si elle n'est pas prise, il fallait la prendre, etc.

L'indifférence

Si c'est une réussite, on ne félicite pas. Si c'est un échec, on ne cherche pas à aider, ni à comprendre, ni même à punir. La relation d'indifférence est fade et, comme telle, mène facilement à l'écœurement. Les raisons d'une telle indifférence dans la relation avec les subordonnés peuvent être diverses. Dans certains cas, cette indifférence est la forme tout juste polie qui recouvre un profond mépris pour les subordonnés, car si ceux-ci avaient la moindre qualité, ils ne feraient pas le travail idiot qui est le leur. Dans d'autres, il est surtout une carapace contre une émotivité trop grande et donc réprimée. Par crainte de se laisser attendrir ou séduire ou de s'abandonner à la colère, le supérieur se glace... et évidemment glace ses subordonnés.

Malgré une apparence plus acceptable que d'autres relations affectives, la relation d'indifférence est cependant fort négative. Bien des subordonnés supporteraient plus facilement une relation plus chaude même si elle était entrecoupée d'éclats ou de remontrances. Ne pas exister aux yeux d'autrui est une chose insupportable.

La jalousie

Il peut paraître curieux qu'un supérieur soit jaloux de ses subordonnés. Cependant ce type de relation n'est pas si rare. Bien des responsables se rendent compte, mais un peu tard, qu'ils ont peut-être lâché la proie pour l'ombre, en accédant à un poste de responsabilité. La contrepartie des inconvénients que comporte un tel poste peut paraître maigre. Tandis que les subordonnés eux, continuent à vivre dans la facilité, sans responsabilité, sans décisions à prendre, sans risques, etc. Bien que ne supportant sans doute pas de jamais revenir à leur place, le supérieur est au fond jaloux de ses subordonnés. Cela se traduit généralement par une exagération des défauts des subordonnés, qui ne travaillent guère, ont une vie facile et au fond ne « connaissent pas leur bonheur ». La jalousie se colore donc souvent d'un soupçon de mépris.

La séduction

Cela ne se réduit pas à la relation vaudevillesque du supérieur qui passe pour merveilleux aux yeux de sa secrétaire et en profite pour lui imposer un surcroît de travail. Nous ne parlerons pas non plus des subordonnés qui pour une raison ou une autre et souvent de bonnes raisons, trouvent leur patron « formidable » et n'en travaillent que plus et mieux. La relation de séduction est une relation voulue, construite, où le supérieur s'essaie, par des moyens divers, à séduire ses subordonnés, c'est-à-dire à faire miroiter à leurs yeux le fantasme que s'ils se laissent manipuler par lui, ils accéderons par là même à l'univers merveilleux qui est le sien. Dans ce type de relation, l'affectivité envahit tout et ne laisse plus aucune place à une relation intellectuelle raisonnable. C'est pourquoi y résister est un crime de lèse-majesté. Avec le séducteur, c'est tout ou rien ou on se laisse séduire ou on est violemment rejeté.

La pédagogie

C'est une relation profondément dissymétrique puisque l'un sait et que l'autre ne sait pas. Elle n'est pas sans ressemblance avec une relation paternelle, mais le plus souvent elle est paternaliste, c'est-à-dire qu'elle tend à maintenir l'inégalité beaucoup plus qu'à la réduire, c'est-à-dire qu'elle organise l'infériorité du subordonné et la continuité de cette infériorité. Cette relation pédagogique peut être plus ou moins punitive, car il n'est pas d'apprentissage sans sanction des défaillances. Elle peut se colorer de séduction. Elle peut s'accompagner de violence. Elle est en fait rarement pure, et elle s'appuie sur d'autres dissymétries.

L'obsession

L'obsessionnel est un anxieux type. S'il contrôle tout et jusqu'au moindre détail, c'est que l'imprévu est quelque chose qui le menace personnellement dans son intégrité psychique. Il essaiera donc de tout rendre prévisible. Pour cela il enserrera ses subordonnés dans un réseau très dense de procédures qui ne leur laisse aucune initiative personnelle et essaie de prévoir tous les cas de figure possibles. Vis-à-vis de ses subordonnés, il sera froid, pointilleux, tatillon, car tout autant que de l'imprévu, l'obsessionnel a peur de toute relation affective un peu chaude. C'est que l'affectivité, c'est l'imprévisible par excellence. Évidemment retournant l'ordre de la causalité, il accusera ses subordonnés d'être incapables de prendre la moindre initiative et de se réfugier dans les procédures.

Quelques comportements particuliers

Il promet toujours que... demain on rase gratis

«Le diable est le prince du lendemain. » Proverbe allemand.

«Ça va s'arranger. »

«Au plus tard dans huit jours. »

«Ne vous tracassez donc pas autant... »

«J'en fais mon affaire. »

«Faites moi confiance. »

«Ce sera vite réglé. »

Voilà des phrases dont il est coutumier. Avec lui, les maladies ne sont jamais graves, les incendies s'éteignent tout seuls, les dettes se remboursent d'elles mêmes. Jusqu'au jour où... Mais ce jour-là, il est malade, ou il a été envoyé en stage, ou il a changé de service, ou même a changé d'entreprise.

Donc ne lui faites pas confiance. Faites comme les ouvriers européens d'autrefois, ayez un stock tampon personnel. Ayez toujours des réserves et des stratégies de rechange. En effet en ce bas monde, le pire est toujours le plus probable, hélas ! surtout quand l'incompétence s'en mêle. Car selon le proverbe grec : *«Qui pense au pire devine juste . »*

Il délègue tout ce qui est délicat ou désagréable

«Il prend les serpents avec les mains des autres. » Proverbe mongol.

Par exemple, il vous charge d'annoncer les mauvaises nouvelles. Ou il vous demande de «boucler» telle ou telle affaire, dont vous vous apercevez rapidement qu'il faut la reprendre (sinon la prendre) à zéro, car elle a été bâclée, et que ce qui a été fait est inutilisable.

Il profite de toutes les situations

«Le petit de l'hyène ayant ramassé un os, alla le montrer à sa mère. Celle-ci dit : Est ce que ton père l'a eu entre les mains ? Oui, répondit le petit. Sa mère dit : Si ton père l'a eu entre les mains, tu peux le jeter, il n'y a plus rien dessus. » Fable peuhle

Certains individus prennent toujours et ne donnent jamais. Dans l'ordre des priorités, quelles qu'elles soient, ils sont toujours le premier sur la liste. Ce sont souvent des gens mal élevés dont les parents ont accepté et satisfait tous les caprices. Et ils ne voient pas pourquoi cela ne continuerait pas.

Ils se moquent du code de la route, ayant toujours priorité sur tous les autres conducteurs. Et ils ne respectent pas plus les autres codes. Répétons-le, ils ont toujours priorité ! Donc votre patron, s'il est de ce genre, ne vous donnera jamais rien.

Les anciens conteurs européens racontent l'histoire d'un romain, Androclès, qui un jour retira une épine de la patte d'un lion. Quelque temps après Androclès fut condamné à mort, et comme les romains adoraient faire et voir souffrir, il fut livré aux lions dans une arène dont les gradins étaient garnis de milliers de spectateurs. Mais un des lions reconnut Androclès et vint se coucher à ses pieds. Cela lui valut d'être gracié. Les fabulistes fabulent sur le fait qu'un bienfait n'est jamais perdu. Mais c'est de la morale pour enfants. Et il s'agit de lions. Quand il s'agit d'êtres humains, seule espèce animale qui pratique la guerre, on peut être dubitatif.

Peut-être, de temps en temps, vous rendra-t-il un petit service, mais il vous le rappellera pendant des années. Essayez donc de ne pas le laisser vous prendre quoi que ce soit, sauf des paroles, flatteuses évidemment. Ne refusez rien clairement mais remettez toujours à plus tard. Demain est un autre jour.

Il est critique et punitif

« Les chiens qui aboient ne mordent pas tous. » Proverbe russe

Inutile d'attendre de lui un remerciement et encore moins un compliment, car il n'en fait jamais. En revanche, toutes ses appréciations sont négatives : ton employé, vocabulaire, expression du visage et même attitudes corporelles. C'est ce que certains appellent : *motiver à l'ivoirienne*.

Il ne vous aidera jamais non plus même pour des choses qui ne lui coûteraient rien. »... si vous faites une lettre qui a une petite erreur de frappe, il n'arrive pas à vous dire que, voilà, vous avez fait une erreur, il dit : «*votre lettre contient plein de fautes*». Sans dire lesquelles. »

Peut-être pense-t-il que la crainte est le début de la sagesse. Peut-être aussi ne sait-il pas avoir une autre attitude, ayant été élevé de cette façon et personne ne lui en ayant enseigné une autre.

Il n'est pas obligatoirement méchant et crier peut lui suffire. Il a sans doute quelque chose de l'ordre d'un complexe d'infériorité et veut marquer à tout instant qu'il est le chef, peut-être par compensation.

Il n'y a pas, hélas ! grand chose de particulier à faire face à une telle attitude. Vous êtes bien obligé de subir. Mais pensez au moins que tout cela ne vient pas de vous et que vous n'êtes pas responsable. Cela vous enlèvera au moins un poids moral.

Et essayez de ne pas faire la même chose vis à vis de vos propres subordonnés. Car c'est une attitude contagieuse.

Il est même méchant

«Quand il dort, le diable le berce. » Proverbe français.

Être méchant, c'est prendre plaisir au déplaisir d'autrui. Ce n'est pas si rare. Une des manifestations de la méchanceté ou du sadisme, est, suivant les expressions populaires consacrées *«retourner le couteau dans la plaie»* ou *«appuyer là où çà fait mal»*.

«...il faut faire aux méchants guerre continuelle.

La paix est fort bonne en soi,

j'en conviens,

mais de quoi sert-elle

avec des ennemis sans foi ?»

La Fontaine, *Fables*

Yako ! Il n'y a pas grand chose à faire, et il ne changera jamais. Car comme le dit un proverbe russe : *«Tel au berceau, tel au tombeau. »* Si vous le pouvez, fuyez vers un autre poste !

Cependant, comme chacun sait, il y a deux sortes de chiens qui attaquent. Certains s'enfuient lorsqu'on contre attaque, et d'autres n'en deviennent que plus agressifs. Analysez donc bien le caractère de votre patron pour savoir si vous devez résister ou non. Attention, ne vous trompez pas.

Il est jaloux ou envieux

«A eux sept, ils ont deux pains, et moi, le pauvre, un seul. » Proverbe grec

La jalousie, c'est vouloir ce que l'autre possède, l'envie c'est le désir de détruire ce que l'autre possède. Ces deux sentiments ont la même source s'ils n'ont pas exactement les mêmes conséquences. Mais ils auront le même effet sur vous : la volonté de vous déposséder de ce que vous avez, c'est à dire vous rendre la vie impossible.

Ne soyez pas paranoïaque et ne vous croyez pas persécuté à tort. Assurez-vous donc bien de votre diagnostic. S'il est juste, il n'y a malheureusement pas grand chose de spécifique à faire. Là non plus, il ne changera jamais. Là aussi, si vous pouvez changer des poste, faites-le.

Il s'attribue vos réussites et vous attribue ses échecs

«A bon chat, bon rat. » Proverbe français.

Il ne s'agit pas de le contrer coup par coup, et à chaque fois dire et répéter que cela est faux, vous plaindre... et finir par agacer votre entourage.

Il vous faut organiser une réponse globale, c'est à dire votre communication, autrement dit votre publicité comme les entreprises, ou votre propagande comme les gouvernements. Ce qui comprend un message et la répétition de ce message. Le message doit être simple comme tous les messages publicitaires : vous êtes techniquement compétent, bon gestionnaire et une personne d'avenir. Quant à la répétition, c'est donc un travail de tous les instants, car le seul «media» dont vous disposez, c'est vous, et éventuellement vos amis et vos subordonnés si vous en avez.

Ne dites jamais : je me suis trompé dans telle occasion. En revanche rappelez fréquemment vos réussites, et même claironnez-les. Cela en agacera certains mais la musique de vos succès passés et futurs restera dans la tête de la majorité et si possible dans celle du supérieur de votre supérieur.

Il veut faire votre bonheur malgré vous

«C'est pour ton bien !» Adage français.

C'est ce que disent les parents à leur enfant pour leur faire avaler une pilule amère que ce soit un médicament, un travail scolaire ou autre chose.

Or rien n'est plus agaçant pour un adulte que d'être traité en enfant. Et de plus, votre patron risque de se mettre en travers de vos relations avec vos propres subordonnés, en intervenant de façon désordonnée dans votre relation avec eux. »je vais arranger cela», vous dit-il et évidemment il rend le problème encore plus délicat.

Il veut être votre modèle

De façon amusante, en couture, un patron est un modèle, souvent en papier, qui permet de copier et donc de couper correctement le tissu d'un futur vêtement, suivant une taille donnée.

Certains patrons d'entreprise, assez contents d'eux-même, aimeraient bien être celui sur lequel se modèlera leur entourage. *«Moi, à votre place, voilà ce que je ferais... »* ou *«A mon avis, vous devriez faire ceci... »* ou *«Faites comme moi. »* sont des phrase qui leur sont coutumières.

C'est un peu agaçant, mais ce n'est pas très important. Laissez donc votre agacement de côté et faites-lui plaisir en recevant ses suggestions, sans obligatoirement les suivre à la lettre ou même les suivre du tout.

Et quelque temps après, faites-lui de nouveau plaisir en lui rappelant sa recommandation et en déclarant qu'il avait bien raison, et que vous avez fait profit de ses conseils !

L'avantage de ce type de flatterie, c'est qu'elle apparaît justifiée et non gratuite, et qu'elle en sera d'autant mieux reçue.

Donc n'hésitez pas! Pour la plupart des gens, une flatterie par jour est la bonne mesure, car ils les oublient très vite. Comme l'air qu'ils respirent, ou l'argent qu'ils empruntent!

Il veut vous emprunter de l'argent

«L'achat est plus légal, mais le vol plus rapide. » Proverbe malinké.

C'est une maladie, en Afrique, que de «taxer» tout ce qui peut l'être, c'est à dire tout ce qui est plus faible que soi, pour une raison ou une autre, et parfois sans raison. Beaucoup «d'emprunts» sont en fait des rackets car il n'y aura jamais remboursement. »Ange pour emprunter, diable pour rendre» disait-on dans la vieille France. Mais c'est vrai de toutes les époques et tous les pays.

«Nous sommes quatre à partager la proie;

Puis en autant de parts, le cerf il dépeça;

Prit pour lui la première en qualité de Sire;

Elle doit être à moi, dit-il et la raison,

C'est que je m'appelle Lion :

A cela, l'on n'a rien à dire
La seconde par droit , me doit échoir encore

Ce droit, vous le savez, c'est le droit du plus fort... »

La Fontaine, Fables

Évidemment, il prend finalement les quatre parts.

Tout dépend pour vous du rapport de forces. A priori, il vous est défavorable. Mais rien n'est jamais simple.

On dit communément que lorsque quelqu'un vous emprunte de l'argent, il ne le rend jamais et que pour justifier son refus, il se brouillera avec vous par la suite, en vous chargeant de tous les péchés du monde. Donc que vous acceptiez ce prêt ou que vous le refusiez, cela finira par une discorde. Alors sautez la case : Prêt. Et préparez-vous à la discorde ! Car selon l'adage brésilien : «*A l'école de la vie, il n'y a pas de vacances.* »

Il aime qu'on lui fasse des cadeaux

C'est humain et la plupart des gens préfèrent recevoir plutôt que donner. Et si l'on donne, en général, c'est en espérant qu'il y aura réciprocité sous une forme ou sous une autre.

Vis à vis de votre supérieur, il n'est évidemment pas question de donner un gros paquet enrubanné comme un cadeau de Noël. Mais il y a trente six façons de faire des cadeaux : payer l'addition du restaurant, prêter sa voiture, prêter un objet dont on ne réclamera jamais la restitution, faire une démarche longue et coûteuse à la place de l'intéressé, etc.

N'oubliez pas deux choses :

Comme les enfants, beaucoup préfèrent des cadeaux répétés, même petits, à un gros cadeau, mais rare.

Il n'y a jamais trop d'huile dans les rouages !

Sa personnalité dans le travail

Il n'est pas très compétent ou même ne l'est pas du tout

«Le boiteux dit que c'est le fardeau qui est posé de travers. » Proverbe nago

Il peut être incompétent techniquement, c'est à dire qu'il connaît mal les tâches de son métier. Il peut l'être en tant que gestionnaire : objectifs mal définis, tâches mal réparties, contrôles insuffisants ou au contraire tatillons et redondants. Il peut l'être en tant que chef responsable vis à vis de ses subordonnés : autoritarisme ou au contraire laxisme.

La première situation, l'incompétence technique, n'est pas la plus grave. Elle est un peu agaçante et vous avez souvent l'impression que sur tel ou tel sujet, selon l'expression consacrée, *«vous en avez plus oublié qu'il n'en a jamais su. »* Mais, il a d'autres subordonnés qui, eux aussi, sont compétents. Il suffit qu'il ait l'intelligence de les laisser travailler. Ce qui n'est pas toujours le cas, bien sûr.

L'incompétence en gestion est plus dommageable car c'est en principe le cœur de son métier. Un manque dans le contrôle de gestion peut obérer les résultats de son service, par exemple. Des objectifs à long terme flous, ou pire, inexistants, empêchent toute action efficace. Des réorganisations qui se télescopent, laissent le personnel anxieux et sans directives claires. C'est alors beaucoup plus ennuyeux pour vous car il est difficile d'être efficace dans une ambiance de pagaille.

Quant à l'incompétence relationnelle, elle vous touche directement, puisque vous êtes sous ses ordres.

Normalement, votre devoir serait d'aider votre patron et de pallier ses manques. Mais il y a la manière. En effet, selon B. Gracian, *«Les princes veulent bien être aidés mais non surpassés. Ceux qui les conseillent, doivent parler comme des gens qui les font souvenir de ce qu'ils oubliaient et non comme leur enseignant ce qu'ils ne savaient pas. »*

Donc, faites votre travail. Si vous êtes obligé d'en faire plus que votre part, faites-le, mais n'en dites rien, car votre patron le prendrait sans doute très mal ! Mais faites-le savoir discrètement au patron de votre patron. Car selon un proverbe haussa : *«Les étoiles brillent davantage quand il n'y a pas de lune. »*

Il veut imposer ce qui est lui est passé par la tête le matin en se rasant

«Il enlève le toit de l'église pour couvrir la chapelle. » Proverbe lituanien

Bien des décisions de responsables ne sont pas prises à la suite d'un long processus de raisonnement, dont elles sont la conclusion logique. Elles sont prises au «feeling», comme disent leurs auteurs, c'est à dire en fonction d'une intuition assez confuse, souvent liée à la dernière mode en fait de management, d'économie ou de politique, ou au dernier caprice de leur propre patron.

Par ailleurs ces décisions ont un caractère d'urgence absolue qui réclame une application immédiate, ce qui amènera à bouleverser les plans les mieux établis et dans bien des cas sèmera une pagaille noire. Pagaille que vous aurez à gérer, évidemment ! Il décide et vous, vous appliquez, suivant une répartition des tâches vieille comme le monde, qui a prouvé cent fois son inefficacité, mais que personne n'ose, ne veut ou ne peut remettre en cause.

Ne vous opposez donc pas à la dernière lubie de votre patron ou du patron de votre patron. Ce serait évidemment dangereux, d'autant qu'elle est encore plus géniale que la précédente. Ce serait de plus inefficace. Attendez simplement que la prochaine décision efface la précédente. Cela ne saurait tarder ! Car «*un clou chasse l'autre.* »

D'ici là, soyez enthousiaste en paroles et attentiste en actes.

Il est malade le jour où çà l'arrange

Un exemple historique célèbre est celui de l'empereur romain Auguste, fondateur de cet empire, qui avant d'accéder au pouvoir, était toujours malade les matins de bataille, laissant les autres prendre des risques à sa place.

Il s'agit souvent de personnalités hystériques où l'esprit domine le corps et qui sont physiquement malades quand, en quelque sorte, ils en ont psychologiquement besoin.

On ne peut pas grand chose face à ce tour de passe-passe. Car il est admis partout qu'on «*ne tire pas sur une ambulance.* » Enfin, en principe.

Il vous cache de l'information

«Le loup cherche le brouillard. » Proverbe albanais.

L'information, c'est du pouvoir, dit-on à juste titre. Vérifiez cependant qu'il vous la cache volontairement et personnellement. En effet, beaucoup d'entreprises sont si mal organisées (organigrammes incomplets ou flous, délégations mal précisées, etc.) et si mal gérées (notes de services plus ou moins contradictoires, etc.) que la bonne information y circule très mal. et que pour cette raison, s'y ajoutent bruits de couloir, on-dit et médisances.

Si cependant, il s'avère que si votre patron vous cache consciemment des informations nécessaires à votre travail, créez vos propres circuits personnels d'information. Et à la limite, désinformez -le, vous aussi !

Il vous prend pour son boy

En voici un bon exemple sur un mode humoristique, tirée d'une bande dessinée française :

> *«- Oui, monsieur ?*
> *- Veuillez m'apporter le rapport moral 2012, je vous prie, Stéphanie.*
> *- Il se trouve dans le 1er tiroir de droite de votre bureau, Monsieur.*
> *- Je ne vous demande pas où il se trouve, mais de me l'apporter, Stéphanie. »* (Xavier Gorce, *Les indégivrables*, Le Monde, 3/06/2014.)

Ce type d'attitude semble assez fréquente. En voici un autre exemple, cette fois-ci tirée d'un roman anglais :

> *«-Clara.*
> *- Oui ?*
> *- Quel est mon emploi du temps ?*
> *- Vous l'avez.*
> *- Venez dans mon bureau me dire mon emploi du temps. »* (Sam Byers, *Idiopathie*, Seuil.)

Il y a donc plusieurs façons de faire, qui ont le même résultat : traiter le subordonné comme un domestique. Celui-ci n'apprécie pas en général, à juste titre. Si votre patron vous traite de cette façon, vous savez à quoi vous en tenir sur la perception qu'il a de vous et la relation qu'il entretient avec vous. Tirez-en les conséquences.

Ses origines

Il rentre de France

«Qui réforme souvent déforme. » Proverbe allemand

Ou d'un autre pays considéré comme plus développé, peu importe lequel. Il y a travaillé. Il porte un regard plus ou moins critique sur son pays, son entreprise, ses chefs et ses collaborateurs, regard critique qu'il ne parvient pas toujours à dissimuler aux autres, ce qui les agace. Lui-même oscille entre ce même agacement et le découragement. Il voudrait introduire, dit-il, des méthodes de gestion plus rationnelles, plus efficaces. Mais il se heurte à un «freinage» important de ses subordonnés. Ils lèvent le pied, selon l'expression populaire. Et également un freinage venant de ses supérieurs, qui n'aiment pas les vagues, même s'ils prétendent apprécier les innovations.

Pas facile à vivre. Mais il y a beaucoup à apprendre... pour plus tard, quand vous aurez changé de poste. Car, «*Tout vient à point à qui sait attendre.* »

C'est un jeune diplômé

«Beaucoup savent klaxonner qui ne savent pas conduire. » Proverbe ivoirien.

Il est techniquement compétent mais la diplomatie n'est pas son point fort, car s'il ne tenait qu'à lui et il ne s'en cache pas, il donnerait un sérieux coup de balai dans des structures vermoulues et un personnel aux mentalités vieillottes. Il n'a pas toujours absolument tort, mais il vous fait un peu peur, malgré tout. L'Histoire montre que les ardeurs révolutionnaires mènent parfois au pire, pensez-vous, en sacrifiant les hommes au profit des idéaux et des abstractions.

Vous avez le choix entre être de ceux qui lui résistent ou de ceux qui l'accompagnent. Choisissez en fonction de votre environnement, autrement dit, cyniquement, choisissez le camp du ou des futurs vainqueurs.

Cependant vous devez arbitrer entre le court et le long terme. A court terme, jouer contre lui sera plus facile, car c'est le sens du courant. Mais à long terme, il sera peut-être plus rentable de jouer la modernité. Vous seul pouvez arbitrer entre les deux, en fonction de votre caractère, de vos éventuels appuis et de vos objectifs personnels et professionnels.

C'est un gosse de riches... ou un gosse de pauvres

«Jeux de chats, larmes de souris. » Proverbe russe.

Si c'est un gosse de riches, il a été élevé par des bonnes ou des nurses. Il lui suffisait de crier pour obtenir ce qu'il voulait, car les bonnes, elles, voulaient avoir la paix ! Puis il a obtenu de la même façon des vêtements griffés, des consoles de jeux, des portables de luxe, etc. Il fait partie des «connected people» mais ne se branche sur rien de sérieux.

Il a gardé plus ou moins cet état d'esprit que tout lui est du (tout, tout de suite) et qu'il n'est même pas nécessaire de demander (poliment ou non) pour obtenir ce qu'il souhaite.

Le gosse de pauvres, lui, n'a pas toujours mangé à sa faim et il lui en est resté un appétit parfois... féroce. Et il est prêt à beaucoup, sinon à tout, pour obtenir enfin ce qu'il souhaite.

Ils sont très différents l'un de l'autre, mais pour vous le résultat est presque le même. Vous serez aisément sacrifié le jour où vous aurez la drôle d'idée de les contredire.

Ses motivations

Un certain nombre de métiers supposent des aptitudes particulières : n'est pas vendeur qui veut, et dans ce domaine l'inné l'emporte souvent sur l'acquis, bien qu'évidemment, l'apprentissage, l'expérience, le métier pour tout dire, aient aussi une importance capitale. D'autres supposent une véritable vocation tels que l'engagement religieux ou humanitaire ou les professions artistiques et il est rare, à l'inverse, que l'on ait depuis l'enfance « une vocation » de comptable. D'autres encore impliquent une psychologie particulière, tels ceux de policier, de juge, de gardien de prison, etc. Et de façon générale, toutes les fonctions d'autorité surtout si cette autorité provient de l'état et de ses pouvoirs régaliens.

Ces vocations et à tout le moins, ces prédispositions ou le simple choix de ces métiers supposent une psychologie particulière et d'ailleurs, leur recrutement est souvent subordonné au passage de tests psychologiques.

Si votre patron est dans ce cas, il vous sera profitable de vous interroger sur les ressorts de sa vocation.

Essayez de synthétiser votre information

Il va de soi que les caractéristiques recensées ci-dessus ne sont pas exclusives les unes des autres : il est rare que l'on n'ait qu'une seule composante... ou un seul défaut. Vous même êtes assez complexe, non ?

Cependant, il est utile d'essayer de faire une synthèse. A titre d'exemple, on peut énumérer différentes composantes chimiques de certains produits, mais il est évidemment plus rapide et donc dans certains cas plus efficace, de savoir si l'on a à faire à du miel ou à du piment.

Et vous ?

Il est difficile de se connaître vraiment et nous entretenons vis à vis de nous-même des idées toutes faites qui nous confortent dans la bonne idée que nous avons généralement de nous-même. Or, évidemment, la gestion de votre patron comprend deux termes : LUI et VOUS. Si vous devez faire un effort pour connaître votre patron, il vous faut aussi faire un effort pour vous connaître, vous, avec le plus d'objectivité possible.

L'habitude de la soumission

Nous vivons dans des univers où la soumission aux autorités, qu'elles soient religieuses, politiques, sociales, savantes, ou même auto-proclamées est pratiquement considérée comme naturelle. Et nous a été inculquée, parfois durement, depuis l'enfance. C'est une bonne chose quant à l'observation du code de la route ! Cela peut l'être moins dans d'autres domaines. Et particulièrement quant la gestion de votre patron ! En effet, l'autonomie n'est pas un mélange ou une alternance de soumission et de mauvaise humeur, entrecoupée de mouvements de révolte n'obéissant à aucune stratégie. Et la plupart des gens crient, puis obéissent.

Il faut donc prendre conscience de son degré naturel de soumission à l'autorité.

Le détail qui ne colle pas avec le reste

Quant à ce qui vous est propre, sans entrer dans des ruminations sans fin, voici une méthode qui peut être féconde.

C'est une méthode qui s'est révélée fort utile dans le progrès des sciences, et qui consiste dans l'interrogation du petit détail qui ne colle pas avec le reste. Évidemment, cela suppose que l'on fasse d'abord attention à ce détail. Cela suppose également que l'on sache remettre en cause un système qui apparaît cohérent, uniquement parce qu'un détail ne s'y intègre pas. C'est cette méthode fort classique que nous proposons, en faisant porter l'attention sur quelques détails plus fréquents que l'on ne pense.

Les actes manqués

S. FREUD, lorsqu'il crée la psychanalyse, utilise comme moyen de connaissance de certains mécanismes inconscients ce qu'il appelle les actes manqués. Ces actes manqués sont de divers ordres. Ils peuvent être verbaux ; c'est le cas des lapsus, par exemple, dans l'utilisation d'un mot pour un autre, ou dans l'oubli d'une négation, ou dans l'emploi d'un mot à la place du mot de sens contraire. Ils peuvent être des actes ou des absences d'actes, tels que certains oublis. Chacun sait que l'on a une certaine tendance à « oublier » les choses désagréables, ou les actes que l'on a une certaine difficulté à accomplir.

Mais une variété d'actes manqués est encore plus importante, c'est l'acte qui va à l'encontre du but consciemment et officiellement recherché. Le plus souvent, cela tient à ce qu'inconsciemment on n'est pas d'accord avec ce but, soit que l'on ne soit pas conscient de ce que l'on désire réellement, soit qu'il y ait conflit entre deux désirs contradictoires. Parfois, il semble qu'il y ait une volonté d'échouer : on se punit ainsi soi-même d'un désir qu'une partie de nous-mêmes juge in-acceptable.

Ces actes manqués sont évidemment plus visibles par les autres que par soi-même. C'est souvent le cas des lapsus que souvent le locuteur ne perçoit pas lui-même. Il est cependant une catégorie de lapsus, les oublis, dont on s'aperçoit assez évidemment, et qui sont fort révélateurs.

De façon générale, on n'oublie que ce que l'on veut oublier. Si l'on oublie, ce peut être simplement parce que la chose est secondaire. Mais il est déjà intéressant de se demander pourquoi telle chose apparaît comme secondaire. Ce peut être révélateur d'une certaine conception de soi, ou d'autrui, ou de son travail. Mais l'oubli le plus fréquent concerne des choses que pour une raison ou une autre, l'on considère comme désagréables. Le désagrément peut être de plusieurs ordres. Il peut être intellectuel : tâche pour laquelle on n'est pas très compétent, ou qui fait appel à des qualités qui ne sont pas les nôtres (abstraction pour un concret ; calculs pour un littéraire, etc.). Il peut surtout être d'ordre affectif et le plus souvent relationnel. Un individu peu confrontif, c'est-à-dire qui a du mal à être normalement agressif vis-à-vis d'autrui de peur de susciter l'agressivité d'autrui qui, plus ou moins inconsciemment, lui fait peur, oubliera de faire une remarque, une observation, un reproche à un subordonné. Ou oubliera de marquer nettement un désaccord avec un collègue et surtout avec un supérieur hiérarchique.

A l'inverse, on oubliera que telle personne a tel problème, telle difficulté, et on fera une remarque anodine pour un autre, mais cruelle pour la personne concernée. Assez souvent, on s'en rend compte,... mais trop tard. Et on ne fait qu'aggraver les choses en voulant s'en excuser. Il n'est généralement pas très difficile de prendre conscience de telles choses et de s'interroger sur la raison qui nous a poussé à faire tel oubli.

La répétition

La répétition est un signal important. Se retrouver constamment dans la même difficulté, aboutir régulièrement au même résultat négatif, montre à l'évidence qu'un mécanisme psychologique essentiel nous ramène, malgré des contextes apparemment très divers, à la même situation, que tout aussi apparemment nous prétendons éviter. Il est assez difficile de prendre conscience de ces répétitions, car la similitude des situations dans lesquelles nous nous retrouvons est masquée par des différences superficielles ; et surtout, nous avons tendance à nous en prendre à autrui et à l'accuser d'être la cause de ce qui nous arrive, ce qui masque notre responsabilité. Ce qui doit donc attirer l'attention, c'est le fait que nous nous retrouvons dans des situations semblables, que nous adoptons des attitudes similaires, etc. avec des partenaires différents. Puisque nous sommes le seul paramètre qui ne change pas, il est assez clair que c'est à nous qu'il faut imputer la régularité de ce qui advient.

Il est difficile de prendre conscience de ces répétitions, car souvent elles s'étalent sur des années et sont oubliées au fur et à mesure. Il y a cependant un élément qui peut attirer l'attention, c'est la généralisation. Si, en effet, l'on raisonne habituellement sur le mode : toutes les femmes sont volages, tous les ouvriers sont paresseux, tous les syndicalistes refusent de voir l'intérêt de l'entreprise, c'est très probablement que vis-à-vis de soi, toutes ces personnes ont effectivement tendance à avoir ce comportement. Et si elles ont ce comportement, il est probable qu'à 50 % au moins, c'est nous qui sommes cause de ce comportement. Autrement dit, notre comportement se répète. Les autres réagissent de la même façon à notre comportement. Et cela nous permet de généraliser et, suivant une expression frappante, de les mettre tous «dans le même sac».

La dénégation

Un autre signal d'une difficulté psychologique particulière est l'usage de la dénégation. La dénégation, c'est nier trop fortement que l'on soit ceci ou cela, ou que l'on veuille ceci ou cela. Nous sommes trop complexes et obscurs à nous-mêmes pour être assurés que nous sommes absolument incapables de dire ou de faire telle chose. Cette négation trop radicale, trop forte, trop répétée, est souvent le signe que nous sommes tentés par ce que nous dénions, mais que cela nous angoisse, et que nous le nions pour calmer cette angoisse.

On peut rattacher au même mécanisme que la dénégation le fait que l'on ne supporte absolument pas certaines choses chez autrui : des façons de parler, des mimiques, des comportements... Assez souvent, cela est dû à ce que ces façons éveillent chez nous quelque chose de semblable, mais que nous refoulons fortement. Le malaise que l'on ressent alors est une variété d'anxiété face au surgissement d'éléments refoulés.

Cette dénégation est fréquente dans la relation avec les supérieurs sous la forme : «ce n'est pas moi qui ferait ceci ou cela, comme ils en ont l'habitude». Elle se retrouve donc souvent dans les motifs de désaccord. On n'est jamais si sévère qu'en face de cette partie de soi que l'on renie. Comme, sauf exceptions, (mais qui ne sont pas si rares), l'on préfère condamner les autres que se condamner soi-même, on condamne chez autrui ce que l'on ne veut pas sanctionner chez soi. Proclamer fréquemment que telle chose est insupportable chez les autres peut être un indice de ce que l'on ne supporte pas chez soi. Il faut ajouter, et c'est un point clé, que les autres ne le supportent pas non plus chez nous.

La rationalisation

Rationaliser, c'est justifier un certain nombre d'actes ou de sentiments par des raisons qui sont superficielles et ne rendent pas compte de leurs véritables motivations profondes. Ces justifications sont généralement très cohérentes (trop !) d'où leur nom. Elles s'appuient sur des considérations politiques, sociales, morales universelles et donc peu contestables, qui leur donnent leur solidité.

La rationalisation porte généralement sur des actes dont nous ne sommes pas très fiers, ou qui apparaissent aberrants par rapport au comportement normal, habituel. Un bon signal de la rationalisation est le fait qu'on éprouve le besoin de justifier à tout prix tel ou tel acte, ou tel ou tel sentiment, et qu'on s'étend longuement sur cette justification.

Là aussi, c'est l'insistance qui doit mettre en éveil. Un bon indice peut être que l'on va aborder le même thème de justification avec différents interlocuteurs dans la même journée ou la même semaine.

L'anxiété

C'est un signal qui est toujours perceptible, mais dont la signification est moins aisée à déchiffrer, car souvent notre anxiété est déplacée : elle ne porte pas consciemment sur l'objet qui nous rend réellement anxieux, mais sur un autre, apparemment moins important, ou qui le symbolise, etc. Évidemment, nous tentons d'éviter les actes qui nous rendent anxieux : nous les oublions, ou nous en déchargeons les responsabilités sur autrui. Ce comportement d'évitement est, lui aussi, soumis à la répétition, et c'est par là qu'on peut repérer ces actes que nous évitons.

Ces différents signaux se renforcent évidemment mutuellement. Un acte manqué peut avoir peu de sens. S'il se répète, il en prend évidemment beaucoup. De même, l'anxiété accompagne souvent certains de ces signaux, et ajoute à leur importance. Les repérer et rechercher leur signification est un moyen important de connaissance de soi.

L'action

La relation avec votre patron

« Un roi qui fait des cadeaux est déjà mort. »Proverbe lituanien.

Ne culpabilisez pas

C'est à dire, ne vous sentez pas uniquement responsable d'une situation négative.

On a remarqué dans les pays européens que les femmes battues par leur mari ou leur compagnon avaient tendance à se sentir responsables, à tort, de la situation plutôt que d'en accuser la personne qui les frappait. C'est une des raisons qui expliquent, dit-on, le peu de plaintes qui sont portées et surtout maintenues.

Beaucoup d'individus, de groupes sociaux, et même d'états, excellent à culpabiliser autrui et à leur faire croire, à tort, que ce sont eux qui sont responsables d'une situation dégradée alors qu'ils en sont la cause principale sinon unique. On est devant un phénomène psychologique d'ailleurs classique, où le persécuteur veut faire croire qu'il est le persécuté. Et bien sûr, il y arrive souvent.

Soyez objectif

«Devant vous, le domestique vous aime, derrière il vous déteste. » Proverbe nago

On a remarqué que dans les relations humaines, « tous les jeux se jouent à deux » c'est à dire que les responsabilités d'une situation donnée sont, objectivement, assez largement partagées.

Tâchez donc d'avoir une vue objective de la situation. Si vous pensez que c'est l'autre qui a tous les torts, vous ne pourrez rien pour améliorer les choses,

«Lynx envers nos pareils, et taupes envers nous,

Nous nous pardonnons tout et rien aux autres hommes,

On se voit d'un autre œil qu'on ne voit son prochain. »

La Fontaine, *Fables,*

Quelle est donc, au fond, votre relation avec votre patron ? Y avez vous réfléchi de façon sérieuse récemment ? Sérieusement c'est à dire sans céder à des mouvements d'humeur ou à des *a priori.* Sinon, faites-le maintenant;

Décidez d'une attitude de fond vis à vis de lui

« Un pistolet n'a pas le calibre d'un canon. »
Proverbe ivoirien

Autrement dit vous êtes vis à vis de votre patron dans une relation asymétrique : il a plus de pouvoir que vous, ne serait-ce que parce que son système de relations est plus puissant. Le choix de votre attitude de fond doit évidemment en tenir compte.

Les bons auteurs ne sont pas d'accord sur un point clé : est-il plus efficace d'avoir une relation stable ou d'avoir une relation imprévisible ? La relation stable a l'avantage de la simplicité pour vous. Mais la relation imprévisible complique les choses pour votre patron. Suivant l'expression populaire, *«il ne sait pas sur quel pied danser».*

«Viser apparemment un but, mais pour tromper ceux qui regardent. Jeter une parole en l'air, et puis faire une chose à quoi personne ne pensait. Dire un mot, mais pour amuser l'attention de ses rivaux et dès qu'elle est occupée à ce qu'il pense, exécuter aussitôt ce à quoi ils ne pensaient pas. » (Gracian)

Évidemment, c'est plus facile à dire qu'à faire!

Ceci étant, même si vous décidez d'avoir des comportements différents selon les moments ou les circonstances, il vous faut choisir une attitude de base, que vous pourrez moduler. Sinon, trop de contradictions grossières vous feraient passer pour un homme à lubies sinon pour un fou. C'est jouable mais difficile à gérer. Ne compliquez pas inutilement des choses déjà assez complexes par nature.

L'obéissance pure et simple

«Un bon soldat ne pense qu'à trois choses : 1° au roi; 2° à Dieu; 3° à rien. » Proverbe allemand

Ceci étant, vous pouvez obéir stupidement ou intelligemment. Dans ce dernier cas, vous faites donc un effort pour comprendre l'objectif poursuivi tout en exécutant les consignes. Elles n'en seront que mieux appliquées. En principe.

Tous dépend de l'environnement. A des soldats d'une armée régulière, on demandera une obéissance bornée sinon aveugle, car ils ne peuvent apprécier la totalité de la situation, et une consigne qui leur paraîtra stupide peut prendre son sens dans un ensemble plus large. En revanche, dans une opération du type commando, des initiatives personnelles peuvent être utiles et les ordres peuvent (doivent) être interprétés.

Cela dépend aussi du caractère de votre patron. certains veulent du «*perinde ac cadaver*» (Manipulable comme un cadavre.) D'autres demandent et apprécient un certain sens des initiatives. Réfléchissez, mais ne vous trompez pas et ne prenez pas vos désirs pour des réalités

La collaboration pleine et entière

«Ton pied, mon pied. » Proverbe ivoirien.

Ce proverbe signifie, dit-on : on bouge ensemble. La collaboration devrait être en effet l'attitude normale et habituelle puisque d"une certaine façon vous êtes, votre patron et vous, «*dans le même bateau*».

Cependant, elle n'a de sens que si elle est équilibrée, c'est à dire que les deux parties en tirent bénéfice. Vous le premier, évidemment, quoique vous pensez alors de façon un peu égoïste.

A défaut de cet équilibre, la collaboration peut tourner à l'exploitation. Car dans ce cas-là, «*tous les hommes sont égaux, mais certains sont plus égaux que d'autres.* »

Évidemment, la collaboration peut être réelle ou seulement apparente. Dans ce dernier cas, vous vous contentez de dire oui et d'avoir une mimique positive. Mais cela ne peut durer éternellement, car cela finit par se voir.

L'indépendance

«C'est le roi qui reçoit l'argent de la douane. » Proverbe Nago

Autrement dit, c'est le roi qui le redistribue (éventuellement !) et donc il est difficile de se passer de lui et d'une bonne relation avec lui.

L'indépendance n'exclut donc pas la collaboration, mais elle exclut la soumission. Vous vous conduisez donc de façon autonome pour ce que vous estimez être le bien de votre service et de l'entreprise. Mais aussi le vôtre évidemment.

Faites attention que la majorité des patrons n'aime pas trop les subordonnés réellement indépendants. Certes ils proclament qu'ils veulent des collaborateurs qui prennent leurs responsabilités et soient capables d'initiatives. Mais ils n'aiment pas ce qui est imprévisible. Honnêtement, personne n'aime çà !

Si vous voulez être réellement indépendant, vous devez d'une part avoir les compétences technique et managériale qui justifient cette indépendance, et d'autre part vous faire respecter. Et les pays, ou les individus réellement indépendants sont eux qui sont capables de soutenir une guerre et ne s'en remettent pas à d'autres pour assurer leur sécurité.

Mais l'indépendance est difficile, car «*il faut hurler avec les loups*» dans la plupart des circonstances. Sinon, vous passez pour un «*empêcheur de tourner en rond*» et agacez tout le monde.

L'indifférence

> «Je me crus trop heureux d'en être oublié, persuadé qu'un grand nous fait assez de bien quand il ne nous fait pas de mal. » Beaumarchais, Le barbier de Séville.

L'indifférence est difficile à pratiquer en Afrique, parce que votre patron, non seulement veut être le patron, mais aussi en avoir l'air. Il n'y a pas qu'en Afrique, évidemment, mais le phénomène y est peut-être plus marqué. Il faudra donc probablement que vous fassiez régulièrement acte d'allégeance, sous une forme ou un autre, de la visite de politesse à la demande de conseil, en passant par le compte rendu d'activités.

La vraie indifférence est morale et non physique. Tous les moralistes vous le diront. C'est à dire que vous serez, par exemple, indifférent à ses humeurs, à ses piques. éventuellement à ses injustices. Et que vous n'y réagirez pas instinctivement, au coup par coup, sans stratégie aucune.

La guéguerre

«Elle a serré, serré, serré... A la fin, çà a coupé. » Proverbe ivoirien

Comme beaucoup d'autres, ce proverbe est la dernière phrase d'une histoire que tout le monde connaît. Il s'agit en l'occurrence d'une jeune fille qui veut avoir la taille mince. Toutes les mois, elle serre sa ceinture d'un cran... et çà se termine mal.

Il y a des proverbes français équivalents :«*Tant va la cruche à l'eau qu'elle se brise. »* Ou «*A force de tirer sur la ficelle, elle casse. »*

La guéguerre est généralement une mauvais solution, car elle est usante pour les deux parties, mais surtout pour vous qui n'êtes pas en position de force, et ne pouvez donc espérer une victoire... suivie d'une pacification.

En fait c'est souvent une solution qui s'impose mais qui n'est pas choisie. Les positions de départ sont si asymétriques, que l'une des parties (vous, en l'occurrence) en est réduite à des coups d'épingle. Ils peuvent faire mal mais sont rarement concluants.

C'est aussi souvent une position choisie plus pour des raisons affectives que des motifs rationnels. On veut faire payer des difficultés, éventuellement des humiliations, sans réelle évaluation des conséquences. Cela relève plus de la mauvaise humeur, de l'agacement, que d'une stratégie de fond.

A éviter donc, si possible.

La guérilla

Elle a été historiquement utilisée lors de conflits asymétriques, par exemple, une puissance coloniale contre un mouvement de libération nationale. C'est votre cas puisque vous êtes dans une relation asymétrique de pouvoir vis à vis de votre patron. Mais les guérillas ne gagnent jamais sur un plan militaire, si parfois elles peuvent gagner sur un plan politique.

Est-ce votre cas ? Par exemple si vous êtes soutenu par le patron de votre patron ou par une «puissance» extérieure, familiale, amicale ou politique.

Sinon, trouvez une autre solution.

La guerre

> «C'est le pot de terre, et non la calebasse, qui peut aller au feu. » Proverbe ivoirien.

La psychologie régnante, celle qui donne des conseils dans les livres ou les magazines, est passablement angélique. On parle d'éviter les conflits ou de les résoudre, de négocier en faisant des concessions, de s'ouvrir à autrui, d'aller au devant de l'autre, toutes très bonnes choses sur le plan moral et relativement efficaces en temps normal. Mais cela ne l'est plus en cas de crise grave, face à des gens malhonnêtes ou méchants ou d'un égoïsme féroce et prêts à vous écraser même pour un avantage minime.

En effet, certaines relations sont si empoisonnées que tous les coups, et parfois même la violence physique, sont pratiqués, au moins par l'une des parties. Il faut alors se défendre. Mais se défendre est parfois bien insuffisant. Il faut aussi savoir attaquer à son tour, ou tout le moins utiliser des défenses qui ne laissent aucune place à l'improvisation. Autrement, et brutalement dit, savoir faire la guerre.

La guerre est une solution extrême, à ne choisir que si l'on ne peut vraiment pas adopter une autre attitude, et presque en désespoir de cause. En effet, votre patron a plus de pouvoirs que vous et vous partez donc avec un vrai handicap en cas de conflit sérieux. Le problème avec la guerre, c'est qu'elle se termine avec un vainqueur et un vaincu, mais que chacun la commence en croyant absolument, et souvent naïvement et parfois bêtement, qu'il sera le seul vainqueur.

Il en est de même avec les batailles, qui sont les temps forts d'une guerre. Peu de généraux prévoient ce qu'ils feront s'ils perdent telle ou telle bataille, alors que les probabilités sont de 50/50, mais qu'ils les croient de 80/20, en leur faveur, évidemment. Et cela se termine par de pitoyables : «*Mon royaume pour un cheval* » ! (Shakespeare, Richard III.)

Dans bien des cas, quelle que soit l'issue, les protagonistes ont subi tant de pertes qu'il y a de fait deux vaincus.

Par ailleurs, l'état de guerre pose de façon aiguë le problème des alliés. Vos collègues, vos alliés naturels, risquent de faire front avec votre patron qui est aussi le leur. Lesquels peuvent être des alliés fiables qui ne vous lâcheront pas à la première occasion ? Ou même se ligueront avec vos ennemis ? «*Nul n' appris de moi le tir à l'arc qu'il n'ait fini par faire de moi sa cible.* » (Proverbe iranien.)

Un autre allié possible est le patron de votre patron. Mais quelle pourrait être sa motivation ? A vous d'explorer... prudemment ! Car à partir d'un certain niveau, les hiérarchies tiennent du panier de crabes et vous risquez de vous faire pincer fortement. D'autant plus, pour prendre une autre comparaison, que «*les loups ne se mangent pas entre eux*». Mais vous pouvez, par exemple, explorer la direction : éviter que votre supérieur ne manœuvre pour prendre le poste de son propre supérieur. Ce dernier pourra vous en être reconnaissant.

La gestion quotidienne de la relation

«La poule connaît l'aube, mais elle attend le chant du coq. » Proverbe ivoirien

L'objectif est évidemment d'améliorer votre relation avec votre patron, soit pour la rendre supportable, soit pour en tirer un certain profit. Mais dans tous les cas votre stratégie doit être prudente : c'est lui le patron, et ses moyens de rétorsion sont sans commune mesure avec les vôtres.

Ce que vous devez éviter

Il y a un principe de base : *«Ne faites pas aux autres ce que vous ne voudriez pas qu'on vous fasse. »* (Mathieu, VII, 12.)

Évitez surtout le crime de lèse-majesté

«Près du tsar, près de la mort. » Proverbe russe.

Un historien romain raconte qu'un homme fut condamné à mort parce qu'il avait manipulé des pièces de monnaie à l'effigie de l'empereur dans des latrines publiques. Il y avait donc crime de lèse majesté. Il fut dénoncé et condamné. Cela permit de plus de confisquer sa fortune, évidemment.

Tout ce qui pourrait apparaître comme critique, insultant, irrespectueux, insolent, moqueur, dépréciatif, etc. doit être soigneusement banni dans vos paroles ou vos comportements vis à vis de votre patron. Rien de plus sensible que l'épiderme des chefs, quels qu'ils soient.

Évitez aussi les réserves, les réticences, les doutes, les

hésitations, etc. vis à vis des actes et des idées de votre patron. Seul l'enthousiasme est de mise.

D'ailleurs, même pour des subordonnés, une critique apparaîtra plus souvent comme une expression de la jalousie ou de la méchanceté que comme une aide à un comportement adéquat. Alors...

Évitez tout ce qui est immédiatement désagréable pour votre patron

« C'est pas nivaquine on prend pour faire bonbon. » Proverbe ivoirien

La nivaquine, comme chacun sait, est fortement amère. Il y a d'ailleurs un proverbe français de signification équivalente : *«On n'attrape pas les mouches avec du vinaigre».* C'est assez évident, mais il est bon de le rappeler comme préalable, d'autant que bien des évidences sont souvent négligées.

Or, en général, nous ne nous surveillons pas assez et cédons à des premiers mouvements non contrôlés qu'autrui peut ressentir comme désagréables sinon franchement agressifs.

Être agressif peut être utile, mais il faut que cela fasse partie d'une stratégie, c'est à dire de quelque chose de mûrement réfléchi. Cela peut être avantageux, par exemple, pour vous faire respecter, car on ne respecte vraiment que ce que l'on craint un peu. Mais il faut ne pas dépasser certaines limites. Sinon, il y a des retours de bâton.

Ne vous plaignez pas que votre patron soit désagréable si vous l'êtes, vous, même si vous ne vous en rendez pas compte.

Ne le contredisez jamais directement, mais réservez l'avenir

«Le poisson mord mieux à l'hameçon d'or. »
Proverbe norvégien.

Personne n'aime être contredit, et personne n'aime entendre une réponse du type :«*Non, c'est pas çà... »*. Vote patron encore moins que d'autres, car il est Votre Patron. Donc évitez les contradictions frontales. Et présentez lui toujours les choses enrobées d'un peu de miel.

En même temps, il faut réserver l'avenir, car votre patron peut changer d'avis et vous reprocher d'avoir eu le même avis que lui, par pur suivisme. Il faut donc marquer une légère différence en commençant votre réponse par une phrase du type :«*En même temps... »* suivie de ce que vous avez à dire. Vous exprimez alors non pas une opposition, mais une (légère) différence ou un ajout. Mais qui finalement va dans le même sens, le bon sens. Car il n'y en a qu'un de bon, le sien.

Évitez tout ce qui lui paraîtrait dommageable à long terme

Par exemple, lui donner le sentiment que vous voulez sa place, sans attendre *«jusqu'à... fatigué»* qu'il vous la laisse en étant lui-même promu. Et donc que vous allez tenter de nuire à sa carrière. C'est une chose qu'il ne vous pardonnerait pas, cela va de soi, et lui, il pourrait réellement nuire à votre carrière à vous. Insistons, c'est lui le patron.

Ne vous croyez pas indispensable

«Les cimetières sont peuplés de gens irremp-laçables. » Proverbe français

Tout dépend évidemment de l'état du marché du travail. Si le taux de chômage national est de 4%, c'est à dire que le plein emploi est pratiquement atteint, vous pouvez prendre quelques risques. Recruter est en effet, dans ces cas-là une activité coûteuse et difficile car il y a peu de gens intéressants sur le marché du travail et l'on préférera probablement vous garder même en cas de conflit.

En revanche, si le taux de chômage atteint 10 à 15 %, voire plus (45% pour les moins de 35 ans en 2014 en Côte d'ivoire), l'environnement est contre vous. Des gens plus jeunes, plus diplômés, parlant plus de langues étrangères, familiers des nouvelles technologies, sont tout prêts à vous remplacer et pour MOINS CHER.

Personne n'est indispensable et malheureusement beaucoup de gens croient l'être ce qui occasionne bien des désillusions et des déboires. Perdre son travail du jour au lendemain dans un marché difficile est une expérience douloureuse. Et c'est une expérience qui peut durer !

Ne tentez donc pas le diable, ne vous croyez pas indispensable et faites éventuellement les concessions nécessaires pour garder votre poste.

Ne lâchez pas la proie pour l'ombre

Introduisons avec une blague.

«Un gars fait les 100 pas avec une go (fille) qu'il drague. Ils marchent, marchent et au bout d'un moment, une grosse et belle auto passe, klaxonne et stoppe à 100m d'eux. La go abandonne le gars, court et monte s'asseoir dans l'auto. Le chauffeur lui dit:

- Ma sœur pardon, descends! C'est pas toi que je suis venu chercher. C'est mon patron, l'homme qui est avec toi. » (Gbich !)

Autrement dit : *«Un tiens vaut mieux que deux tu l'auras. »* Ne demandez pas trop et sachez vous contenter d'améliorer ce que vous avez sans demander des miracles, au risque de tout perdre.

Ne brûlez pas vos vaisseaux

Brûler ses vaisseaux , c'est à dire ses bateaux, ceux qui vous ont amené et qui peuvent vous remporter, c'est se mettre dans une situation irréversible. C'est donc montrer une détermination sans failles, qui peut impressionner l'adversaire. C'est aussi se mettre dans une situation risquée si les événements ne se déroulent pas comme on l'a imaginé ou souhaité. C'est le cas, par exemple d'une menace de démission. Et si vous étiez pris au mot. Avez-vous anticipé TOUTES les conséquences ?

Ce qu'il est sage que vous fassiez

«Si quelqu'un de fort vous tourmente, contentez-vous d'en rire. » Proverbe ivoirien.

Utilisez la flatterie

«C'est par le trou de l'aiguille que passe le fil.» Proverbe français.

Si tant de patrons se croient géniaux, c'est en partie parce qu'ils ont dès le départ une fort bonne opinion d'eux-mêmes, mais aussi et peut-être surtout parce que on le leur a dit et répété. Il ne manque pas de flatteurs même grossiers, qui flattent sans même y penser, par tempérament en quelque sorte, car ils prennent plaisir à s'abaisser.

Vis à vis d'un supérieur, la flatterie est un moyen d'action fondamental. La sagesse populaire le dit :«*Veau qui flatte tète deux mères.* » Et les anciens auteurs européens en donnent de multiples exemples, vis à vis de leurs seigneurs, princes, rois, empereurs...

Dans ses Mémoires, le duc de Saint-Simon, précepteur du fils du roi français Louis XIV (celui qui a fait construire Versailles en ruinant son peuple.) raconte que ce grand roi aimait toutes les flatteries et «*savourait les plus basses*».

Certes il y a un proverbe qui dit : «*La flatterie exagérée est pire qu'une injure.* », mais l'expérience montre que personne ne trouve exagérés les compliments flatteurs qu'on lui adresse, chacun, sauf exception, ayant une très haute idée de soi

Évidemment, il y a la manière. Le même auteur raconte que l'architecte Le Nôtre, qui dessina les jardins du même château, ne manquait jamais, en soumettent un projet au Roi, d'y commettre une faute énorme que le roi remarquait évidemment et en profitait pour faire la leçon à beaucoup plus savant que lui. Le roi était content de la leçon ainsi donnée et avalisait le projet, si dispendieux fut-il.

«*Apprenez que tout flatteur*

Vit aux dépens de celui qui l'écoute»

La Fontaine, Fables,

Si la flatterie vous gêne par ses excès, utilisez le compliment. La différence est que la flatterie ne repose sur rien, mais qu'on ne complimente que sur des faits, fussent-ils objectivement peu importants : un anniversaire, par exemple.

Il y a beaucoup d'occasions de complimenter pour des réussites, même minimes. Ne les négligez pas : cela fait toujours plaisir à celui que vous complimentez... et cela ne vous coûte rien.

«*On ne saurait trop louer trois sortes de personnes*

Les Dieux, sa maîtresse et son roi. »

La Fontaine, *Fables.*

Ayez (au moins) l'air d'écouter

Communiquer, c'est d'abord délivrer un message, mais c'est aussi, et parfois surtout dans votre cas, écouter le message d'autrui. Or cette écoute est un exercice particulièrement difficile, car écouter quelqu'un, c'est se mettre à sa place et tenter de le comprendre de son point de vue. Cela dépasse donc de beaucoup une écoute physique correcte, déjà difficile à réaliser.

Écouter quelqu'un, c'est vouloir l'écouter, montrer qu'on l'écoute, et enfin savoir l'écouter.

Vouloir écouter : écouter quelqu'un est probablement ressenti comme potentiellement dangereux par la plupart d'entre nous. N'est-ce pas le risque d'être amené à changer son point de vue ? Cela est donc vécu comme une éventuelle atteinte à son intégrité psychologique et à ses valeurs qui sont d'autant plus importantes pour chacun d'entre nous qu'elles sont largement inconscientes et puissamment déterminées. Souvent, tout aussi inconsciemment, nous méprisons autrui et ses idées, ses valeurs, ses comportements. Nous pensons n'avoir rien à en apprendre et, par un égocentrisme aussi puéril que profond, nous pensons avoir tout à lui apprendre, et nous parlons... sans écouter. Il faut donc vouloir écouter et, malgré cette volonté, on s'aperçoit souvent, avec une peu d'attention, qu'on écoute rarement autrui.

Montrer qu'on écoute : ranger ses papiers lorsqu'on reçoit quelqu'un, éventuellement couper le téléphone, répondre qu'on est occupé si on est interrompu, ne sont pas des gestes vains. On montre ainsi à autrui qu'on veut l'écouter et qu'on prend les dispositions pour cela. C'est d'ailleurs une discipline personnelle, et là comme dans le «agenouillez-vous et priez» de Pascal, censé donner la foi, les dispositions matérielles peuvent entraîner des dispositions psychologiques.

Montrer qu'on écoute, c'est aussi au cours de la communication, regarder son interlocuteur, ponctuer ce qu'il dit d'interjections et de phrases qui montrent qu'on suit sa pensée. Mais c'est surtout être capable de redire ce qu'il vous a dit, fut-ce sous la forme du constat : si je vous ai bien compris, vous avez dit ceci. C'est enfin, intégrer dans sa pensée, ce qui est intégrable de la pensée d'autrui. Il n'est pas question de modifier automatiquement son point de vue, mais de modifier certaines positions soit erronées, soit secondaires. D'une certaine façon, la communication comporte une certaine part de négociation.

Savoir écouter, c'est savoir percevoir tout ce qui est communiqué par autrui. Or cette communication intervient à plusieurs niveaux : verbal, non verbal, etc. Dans le verbal, il y a le sens apparent et le sens réel. Le sens réel dépend lui-même de l'interaction entre les différents niveaux et doit être interprété. Écouter est donc une activité intellectuellement complexe. C'est également une activité affectivement complexe, car il s'agit aussi de connaître les sentiments et les émotions de l'interlocuteur ; et il s'agit également de percevoir en quoi les sentiments que cela évoque en nous peuvent influencer notre perception, notre interprétation, notre compréhension de ce qui est dit.

Dans le cas d'un subordonné vis à vis de son supérieur, l'écoute est fondamentale si l'on veut comprendre ses consignes et dans quel environnement elles prennent place

Ceci étant, selon votre stratégie vis à vis de lui, l'écoute peut être réelle ou simplement simulée. Mais si vous simulez, la simulation doit être parfaite. On ne vous pardonnerait pas une autre attitude.

Cependant, il vous sera plus utile de pratiquer une écoute réelle. Vous ferez ensuite ce que vous voudrez des résultats obtenus

Faites le parler de lui

C'est pour lui, comme pour beaucoup de personnes, le sujet le plus important et le plus intéressant qu'il y ait au monde et donc celui sur lequel il a toujours beaucoup à dire. Aiguillez le donc souvent vers ce thème. D'abord cela vous évitera qu'il s'appesantisse sur vous et vos éventuelles erreurs. Ensuite, il sera content de lui... et donc de vous.

Répondez en Normand

«Ne soyez à la Cour, si vous voulez y plaire,
Ni fade adulateur, ni parleur trop sincère,
Et tâchez quelque fois de répondre en Normand. »
La Fontaine, Fables,

La réponse du Normand c'est : *«Peut-être bien que oui, peut-être bien que non. »* C'est donc faire une réponse qui n'engage pas vraiment, c'est à dire «réserver l'avenir». Cela s'appelle aussi : «Noyer le poisson», car comme le dit un proverbe islandais : *«Oui et non font un long discours. »*

Sachez vous taire

Dans bien des circonstances, vous n'êtes pas obligé de donner votre avis, parce que l'on ne vous le demande pas expressément. C'est souvent pour se donner une vaine importance que l'on exprime une opinion, sans trop s'interroger pour savoir si elle plaira ou non. Il est souvent préférable de se taire, car cela n'engage à rien et donc réserve l'avenir, comme dans le cas précédent.

«On en use ainsi chez les grands.

La raison les offense; ils se mettent en tête

Que tout est né pour eux, quadrupèdes et gens,

Si quelqu'un desserre les dents

C'est un sot.

- J'en conviens.

Mais que faut-il donc faire?

- Parler de loin ou bien se taire. »

La Fontaine, Fables,

Ayez dans l'ensemble une attitude négociatrice

«Pour obtenir ce que l'on veut, il faut donner ce que l'on ne veut pas. » Proverbe danois.

Négocier, c'est faire des concessions suffisantes pour que l'autre en fasse à son tour et que l'on parvienne à un accord à peu près satisfaisant pour les deux parties.

Il y a des négociations formelles, autour d'une table, éventuellement avec des experts pour donner leur avis sur des points techniques et il y a des négociations informelles, qui dans certains cas se résument à une attitude négociatrice. C'est tout simplement l'inverse d'une attitude de blocage. C'est celle que vous pouvez avoir avec votre patron.

L'essentiel dans ce type de négociation est dans un premier temps de minimiser la valeur de ce que l'on souhaite vraiment et de paraître accorder une importance fondamentale à ce que l'on est prêt à abandonner. Dans un second temps, et direz-vous pour aboutir à un accord (qui cependant vous désavantage évidemment, soulignez-le), vous changerez votre position, abandonnerez vos prétentions initiales et vous contenterez de ce minimum, qui est en fait ce que vous souhaitez vraiment.

Le corollaire est bien sûr de fortement surestimer verbalement la valeur de ce que l'autre paraît vouloir comme contrepartie de façon à apparaître comme faisant des concessions considérables.

L'idéal est que votre partenaire / adversaire se croit vainqueur de façon à ce qu'il soit aveuglé par l'éclat de sa victoire, soit content de lui et de vous et fasse les mêmes erreurs par la suite dans d'autres circonstances.

En cas de négociation plus ou moins formalisée, par exemple dans un entretien portant sur la fixation d'objectifs, différentes autres techniques sont utilisables.

Une technique classique, consiste à «couper la poire en deux». mais il faut que les enjeux soient clairs, autrement dit que chacun sache la valeur exacte de ce qui est négocié. En effet supposons qu'un objet vaille 100, mais que le vendeur demande 1000, ce qui est fréquent, par exemple, dans la pacotille pour touristes. Si l'acheteur propose 200, le 50/50 donnerait un prix de 600 ce qui serait excessif. C'est d'ailleurs une technique très utilisée par certains. A défaut de transparence, on se méfiera de cette technique qui tend à désavantager les gens honnêtes ou polis, qui ne font pas au départ des propositions exorbitantes.

Attention! bien des propositions que l'on vous fera seraient considérées par l'autre comme insultantes si vous les faisiez, vous. Plus les gens sont malhonnêtes, plus ils soupçonnent les autres de l'être ou font semblant de le croire. Plus aussi, ils mettent en avant leur morale, leur honnêteté, leur dignité, etc. *«On joue la confiance»*, disent-ils. Il serait bien naïf de se laisser prendre à un tel jeu.

Une autre technique très efficace consiste à négocier sur deux choses à la fois, l'une qui vous intéresse fortement vous et l'autre qui intéresse votre partenaire. L'on cède sur ce qui est secondaire pour soi et l'on gagne sur ce qui est important. L'idéal est d'échanger du réel (de l'argent, par exemple) contre du vent, c'est à dire des satisfactions psychologiques, entre autres des satisfactions d'amour propre, par exemple le sentiment (erroné, bien sûr !) d'avoir gagné.

L'évaluation réaliste des gains et des pertes se faisant sur le long ou très long terme, donnez à votre partenaire-adversaire des satisfactions psychologiques et affectives immédiates, en contrepartie de satisfactions tangibles ultérieures.

Faites l'économie de la négociation formelle

Négocier, nous l'avons dit, c'est faire des concessions, ce qui est toujours regrettable. L'idéal est donc de faire l'économie d'une négociation formelle et donc des concessions qui seraient nécessaires. C'est ici que le concept de piège prend tout son sens : amener l'autre à désirer ce qu'en fait vous désirez, vous.

En Europe, par exemple, les souris aiment le fromage. Autrefois, on garnissait donc de fromage les pièges à souris et celle-ci s'y précipitaient. C'est une technique utilisable dans beaucoup de situations et bien sûr dans la négociation. Il s'agit de spéculer sur le désir de l'autre. Il s'agit donc une fois de plus de trouver ce désir de l'autre et de l'utiliser comme levier pour parvenir à ses fins à soi. En plus il se croira gagnant, ce qui facilitera d'autres négociations... ou d'autres pièges ! Les gens adorent gagner, croire qu'ils ont gagné et surtout faire croire aux autres qu'ils ont gagné.

N'oubliez pas que le travers le plus répandu des êtres humains, qu'ils soient intelligents ou non, est de se croire plus malins que les autres. A tort, évidemment.

Comme pour les tentations envoyées par le diable, les meilleurs pièges sont fondés plutôt sur les vices ou tout au moins les faiblesses et les travers des individus : l'orgueil, la paresse, l'envie, le désir de paraître, etc. On peut évidemment jouer aussi sur les vertus : l'honneur, l'honnêteté, la charité... à condition que les adversaires en aient.

De toutes façons, avec votre patron, il y a peu de chances que vous ayez beaucoup de négociations formelles. Vous êtes un subordonné, et non pas un égal. Ne l'oubliez jamais.

Les temps forts de votre relation avec votre patron

«Dieu aide celui qui travaille. » Proverbe Nago.

On peut penser que les temps forts de votre relation avec votre patron sont les moments où vous êtes en présence l'un de l'autre. Cela peut être lors de réunions ou lors d'entretiens seul à seul. Ce peut être aussi lors de rencontres accidentelles

Les réunions

«Le malheur des uns fait le bonheur des autres. » Proverbe français

Dans les pays occidentaux, les réunions d'entreprise sont généralement catastrophiques. Mal préparées, mal gérées, elles ne débouchent souvent sur rien d'autre que l'insatisfaction des participants et des décisions qui seront remises en cause à la première occasion.

On est mal documenté sur ce qui se passe en Afrique à ce sujet, à part quelques observations parcellaires, mais on peut émettre l'hypothèse qu'il n'en va pas différemment. De plus le caractère collectif, sinon parfois grégaire, de beaucoup d'actions en Afrique, le goût de la «palabre» c'est à dire de très longues discussions peu concluantes, l'aspect purement protocolaire de beaucoup de prises de parole, la difficulté à faire des concessions vécues par chacun comme des défaites, rendent peu probables des réunions courtes, décisionnelles et satisfaisantes pour les «ego» de chacun.

On a remarqué, en Occident, que les groupes étaient régressifs, c'est à dire que les individus en groupe réagissaient plus comme des adolescents que comme des adultes réfléchis, conscients et organisés. Mais on peut penser qu'il s'agit d'un phénomène humain général et qu'il en est de même en Afrique. Et que les actions collectives irrationnelles l'emportent de beaucoup sur les actions réfléchies, comme le montrent beaucoup de maniques ou d'entrées en guerre.

C'est cette régression qui rend les groupes si instables et si manipulables. C'est donc d'elle qu'il faut profiter pour faire en sorte que la réunion débouche sur des résultats les plus proches possibles de vos objectifs personnels.

Puisque nous sommes dans la perspective d'une gestion de votre patron et non de vos subordonnés, nous nous centrerons sur le cas où c'est votre patron qui anime la réunion et où vous n'êtes qu'un participant parmi d'autres (mais plus conscient et organisé que les autres membres!)

Vous voulez que la réunion capote

> «Ce qui ne cuit pas pour vous, laissez-le
> brûler. » Proverbe néerlandais.

Si l'ordre du jour de la réunion comporte des points qui risquent de vous être dommageables, vous pouvez avoir intérêt à ce que la réunion n'aboutisse pas à atteindre les objectifs qui lui ont été fixés et à ce que certaines décisions ne soient pas prises... ou reportées à (beaucoup) plus tard. Vous aurez aussi probablement intérêt à ce que l'on ne sache pas que c'est vous qui avez fait en sorte que la réunion n'aboutisse pas.

Une réunion étant difficile à gérer, il est probable qu'elle capotera d'elle-même et que vous n'aurez qu'à laisser faire la spontanéité de l'animateur et des participants.

Vous pouvez cependant utiliser en cours de route quelques techniques additionnelles.

Demander que l'objectif de la réunion soit clarifié

C'est de bonne gestion mais c'est aussi de bonne guerre Toucher, fut-ce par la bande, à l'objectif de la réunion risque de déclencher une avalanche de désaccords plus ou moins clairement exprimés. Les moins clairement exprimés sont, ici, les plus utiles, car ils se traduiront pas des blocages sur d'autres points, et, au minimum, feront traîner les choses en longueur. L'ordre du jour sera donc difficilement épuisé.

Proposer que des procédures soient établies

Là aussi c'est de bonne gestion et aussi de bonne guerre.

De bonne gestion, car la définition puis le respect des procédures doit faciliter le travail en groupe. En effet les procédures définissent le comment : comment on discute (tour de table, etc.), comment on décide (vote, consensus, décision informée du patron.), etc.

De bonne guerre, car en principe, ces procédures sont définies au tout début de la réunion. Demander qu'elles le soient en cours de route ne peut engendrer que du cafouillage, par un sentiment de remise en cause inutile.

Rappeler l'objectif et les procédures

Les réunions ont tendance à s'enliser ou à dévier de leur objet initial. Il est bon de les ramener dans le droit chemin. Mai cela ne plaît pas à tout le monde et peut engendre frustrations et retards.

Proposer un tour de table

Il est probable qu'il sera accepté car chacun estime toujours avoir quelque chose de passionnant à dire, quelque soit le sujet, selon le principe : je suis intéressant donc j'ai quelque chose d'intéressant à dire.

Or un tour de table prend beaucoup de temps, chacun se présentant, exprimant son opinion, discutant celle des autres... Le plus souvent, il s'agit de temps perdu. et une fois le temps imparti écoulé, la réunion se terminera très vite, trop vite pour que des décisions solides soient prises. Soit elles ne seront pas prises du tout, soit elles seront remises en cause rapidement. C'est une certaine façon de jouer la montre.

Quoi que vous fassiez, ayez l'air positif

Tous ce que vous proposez est évidemment pour le bien de la réunion, de votre patron, du service et de l'entreprise ! Ayez donc toujours l'air positif, souriant et prêt à vous remettre en cause ! Et faites des concessions... mineures et aux conséquences lointaines, mais que vous soulignez fortement.

Vous voulez que la réunion réussisse

«De celui dont je mange le pain, je chante la chanson. » Proverbe allemand.

Il est difficile, répétons-le, de réussir la conduite d'une réunion, d'autant qu'ici vous n'avez pas la maîtrise (mais la responsabilité non plus) de cette réunion.

Vous pouvez d'abord utiliser les techniques recensées ci-dessus, mais dans un esprit positif et en temps et en heure. Ce dernier point est particulièrement important.

Aider à ce que l'objectif de la réunion soit fixé dès les début et à ce qu'il soit réaliste : on ne définit pas une politique générale d'entreprise en quelques heures.

Aider à ce que les procédures soient également définies dès le début de la réunion et qu'elles soient elles aussi réalistes : un véritable consensus est très difficile à instituer.

Veiller au temps qui passe et aux progrès réalisés au fur et à mesure. Annoncer ces progrès, ce qui rassurera et motivera les participants, et fera plaisir à l'animateur.

Ne pas faire de digressions, ce qui fait perdre du temps et aussi perdre de vue l'objectif de la réunion

Ne pas contrer les autres participants pour le seul plaisir de les contredire.

Reconnaître ce qui est positif dans les interventions des autres membres de la réunion et le faire savoir publiquement.

Laisser son amour-propre de côté.

Et évidemment féliciter votre patron de temps en temps pour ses interventions, l'avancement du débat et enfin l'atteinte de l'objectif fixé !

Les entretiens

«Le marteau souffre autant que l'enclume. » Proverbe Bété.

L'entretien de recrutement

«La justesse de la balance dépend de la personne qui pèse. » Proverbe géorgien

L'entretien de recrutement n'est pas le propos de cet ouvrage et il y en a d'excellents spécialisés. Nous serons donc bref et passerons sur les entretiens avec le service du personnel qui servent généralement de filtre.

Mais dans presque toutes les procédures, il est prévu que vous ayez un entretien avec votre futur patron, qui est généralement décideur en dernier ressort. Et cet entretien aura deux objectifs. Vous faire recruter, évidemment. Mais aussi commencer à construire avec lui une relation de confiance durable. Et donc convaincre votre futur patron que vous ne serez pas un concurrent, ni un obstacle, mais une ressource à sa disposition.

Il faut donc que vous ayez l'air brillant, mais pas trop. Que vous ayez l'air compétent, mais à l'intérieur des limites de votre poste. Que vous ayez l'air ambitieux, mais de façon mesurée. Que vous ayez l'air indépendant, mais pas anarchiste...

Méditez le fait suivant. Lorsqu'un petit groupe doit élire un leader, il choisit généralement le plus terne d'entre eux (ou celui qui s'en donne l'air), celui dont il y a le moins à craindre pour l'avenir.

Ayez l'air manipulable. Une fois en place, vous pourrez un peu changer d'attitude !

L'entretien collectif de recrutement

Certaines entreprises, pour certains postes comme ceux de commerciaux utilisent une technique de recrutement particulière : l'entretien collectif.

Vous serez donc en groupe, face à un «jury» (dont votre futur patron) qui vous donnera un thème d'entretien et observera votre comportement. Le thème a fort peu d'importance, mais votre comportement, beaucoup. Il s'agira pour vous de montrer que vous avez les comportements recherchés pour le poste, mais qui sont en fait à peu près toujours les mêmes quelque soit le poste.

C'est à dire, et c'est un peu contradictoire, que vous avez des qualités de leadership dans un groupe mais que vous savez avoir un comportement collectif, c'est à dire que vous ne tentez pas d'imposer pas votre leadership de façon brutale et désordonnée, car celui-ci serait alors rejeté. Imposez vous au jury, pas à vos camarades. Soyez visible, mais pas «m'as-tu vu».

Il s'agit en fait de mener une mini réunion qui réussisse. Reportez vous à ce que nous avons dit à ce sujet.

En Afrique, c'est assez simple. Tout le monde veut être leader, mais presque personne ne sait mener une réunion efficace. Là est votre chance.

Vous avez demandé l'entretien

«On ne mange pas "peut-être" en ragoût. »
Proverbe nago.

C'est le cas le plus favorable car vous pouvez préparer la plupart des points qui seront abordés et donc ne pas vous contenter de «peut-être».

En fait, il y a deux points principaux. D'abord les sujets à propos desquels vous avez demandé l'entretien. Ensuite ce qui concerne de près ou de loin la gestion de votre carrière.

Le premier point est le plus simple car c'est un sujet professionnel. Il vous donc faut rassembler toute l'information nécessaire. Après tout, c'est vous qui avez demandé l'entretien et il vous faut donc apparaître comme connaissant à fond votre matière. Si vous voulez obtenir quelque chose, faites en sorte que votre patron ait aussi quelques chose à gagner dans le changement (évidemment une amélioration !) proposé. Il vous faut donc préparer l'argumentation adéquate.

Réfléchissez aussi autant qu'il vous est possible à d'autres sujets qu'éventuellement votre patron voudrait aborder. Après tout, ses priorités ne sont peut-être pas exactement les vôtres. Il serait dommage qu'après avoir demandé cet entretien, celui-ci ait des résultats plutôt négatifs.

Le second point est plus délicat. Il s'agit de faire en sorte que cet entretien ait un effet positif sur votre carrière. Sauf exceptions (c'est alors le point principal que vous voulez examiner), vous ne pouvez l'aborder de front. Mais vous pouvez l'aborder par deux biais. L'un qui est que vous êtes un subordonné fiable et compétent. L'autre que votre patron est quelqu'un de merveilleux. Mais si, n'ayons pas peur des mots, il faut voir les choses en face !

Vous êtes convoqué

Soit l'on vous a indiqué à quel propos et l'on est renvoyé au cas précédent quant à la préparation, soit l'on vous a simplement convoqué sans plus de précisions.

Dans ce dernier cas, il faut essayer de deviner ce sur quoi portera l'entretien, de façon à ne pas être désagréablement surpris.

Partez, une fois de plus, des préoccupations de votre patron et non des vôtres. Vous aurez alors plus de chances de ne pas être en dehors de la plaque, car s'il vous convoque c'est en raison de ses préoccupations à lui et non des vôtres !

Rassemblez le maximum d'informations sur ces sujets potentiels A défaut de tout savoir, vous êtes au moins organisé, et il faut apparaître comme tel.

Imaginez aussi quelque diversion, c'est à dire un petit problème facile à résoudre... pour lui, mais qui vous pose une difficulté (passagère, évidemment), c'est à dire une demande d'aide ponctuelle. Mais ce peut être aussi un avis, une opinion, un conseil.

Vous êtes compétent, vous êtes autonome et vous avez le sens des responsabilités, évidemment. Mais votre patron est si expérimenté que vous ne pouvez que souhaiter qu'il vous éclaire de ses lumières. Du moins, faut-il qu'il le croie !

L'entretien d'évaluation

> «Si Dieu tue un riche, il tue un ami; s'il tue un pauvre, il tue une canaille. » Proverbe Bambara

C'est, dans certaines entreprises marquées par le management européen ou américain, un entretien annuel destiné à faire le point. Votre patron y fait donc un bilan de votre action passée et négocie avec vous (ou vous fixe !) des objectifs à atteindre dans les mois qui viennent. C'est donc un moment capital de votre vie professionnelle dans l'entreprise et vos éventuelles futures promotions en sont fortement tributaires. Comme tel il doit être soigneusement préparé dans ses deux parties.

Le bilan

Si les femmes se maquillent, c'est que cela les rend plus jolies. Du moins le pensent-elles ! Certaines vont même jusqu'à la chirurgie esthétique.

Quant à vous, il n'est pas question de maquiller (au mauvais sens du terme) votre bilan et donc de truquer des chiffres, par exemple. Car «*pour cacher un mensonge, il faut ensuite mentir mille fois*». Il s'agit simplement de justifier votre bilan s'il n'est pas aussi excellent qu'il serait souhaitable.

Evitez d'en faire retomber les responsabilités sur des personnes surtout si elles appartiennent à l'entreprise. Elles le prendraient mal et pourraient vous démentir. Et vous pourriez passer pour mauvais joueur, incapable de prendre ses responsabiltés. Evitez aussi de mettre en cause votre propre entreprise même si elle est objectivement responsable : politique générale floue ou non suivie, objectifs non clarifiés, management humain à la hache, incompétence de certains, etc. Le droit de propriété individuel est sacré dans les sociétés modernes. Si les actionnaires sont incompétents et recrutent des incompétents, ils en ont parfaitement le droit. A vous de faire avec.

En revanche, vous n'êtes pas responsable, et l'entreprise non plus, de l'environnement : crise économique générale, marchés devenus difficiles, concurrence étrangère, soubresauts politiques, dont vous êtes probablement tributaire sous une forme ou une autre. Et il faut faire ressortir ce point.

Il s'agit donc de magnifier vos bons résultats et de vous en attribuer les mérites et de minimiser vos moins bons résultats qui ne sont pas de votre fait, du moins en bonne part.. D'ailleurs, vous avez déjà pris les mesures pour redresser la barre. Il suffit d'en attendre les effets qui ne manqueront pas d'intervenir. Et à court terme !

Le futur et les objectifs à atteindre

Il s'agit de ne pas vous laissser imposer des objectifs inatteignables, surtout s'ils sont chiffrés et donc aisément vérifiables par la suite. En revancke soyez très ouvert quant aux objectifs qualitatifs, sur les résultats desquels on peut toujours discuter. Donc, l'amélioration de l'atmosphère de votre service, l'amélioration des relations avec les autres services, la motivation des salariés, une meilleure productivité, et bien d'autres points, sont des thèmes où vous pouvez vous laisser fixer des objectifs, que vous accepterez avec enthousiasme.

Votre patron doit sortir de l'entretien content de vous, mais surtout de lui. Non seulement, il vous a bien géré, mais il vous a aidé.

Les rencontres accidentelles

Elles sont rares, car les entreprises sont généralement conçues spatialement pour que les hiérarchies ne se mélangent pas : étage de la Direction (au sommet, de façon symbolique), sites éparpillés (ateliers séparés des bureaux), ascenseurs différents, horaires décalés, etc.

Ces rencontres sont une surprise pour vous, mais aussi pour lui. Une règle générale : n'essayez pas d'en profiter pour aborder un point personnel, qu'il soit lié à votre travail, à votre salaire ou à votre avancement. Autrement dit, ne vous imposez pas. Montrez que vous avez des idées, de l'esprit, de l'humour, etc. mais que vous savez vous tenir et ne pas mélanger les genres. Laissez l'impression d'être un homme d'avenir, mais laissez les détails (toujours vulgaires !) pour plus tard.

Soyez convaincant

Que ce soit dans une réunion ou dans un entretien, convaincre autrui de la justesse de ce que vous dites est un point capital. Mais convaincre un seul interlocuteur en face à face, comme dans un entretien, ou convaincre un public comme dans une réunion, sont en fait, deux choses très différentes, malgré les apparences. Et elles demandent l'utilisation de techniques également différentes si l'on veut être efficace et atteindre son objectif.

En face à face

Il s'agit de convaincre réellement votre interlocuteur, c'est à dire d'agir de façon telle qu'il ne changera pas d'avis à la première occasion. Il faut donc trouver des arguments parfaitement centrés sur sa psychologie. La difficulté consiste à trouver des arguments qui soient convaincants POUR LUI et NON POUR VOUS. et il va de soi que l'on pense d'abord et surtout aux arguments qui sont convaincants pour soi, car ils paraissent évidents. Il faut donc faire l'effort de se mettre à la place de l'autre, ce dont on a peu l'habitude.

Pour convaincre un individu, il faut partir soit de ses désirs, soit de ses craintes (qui sont des sortes de désirs négatifs) et lui montrer que ce que l'on veut, soi, va en fait dans le sens de ses désirs à lui, qui ne sont pas obligatoirement ses intérêts objectifs, car il peut se tromper sur ces derniers. Mais la subjectivité l'emporte presque toujours sur l'objectivité. A vous d'en profiter !

«Tous les hommes sont idolâtres. L'habileté est de bien connaître ces idoles (plaisir, intérêt, vanité) pour entrer dans le faible de ceux qui les adorent. » (Gracian)

Par ailleurs, évitez un certain nombre d'attitudes qui sont généralement contre productives.

Ne niez pas des évidences

«C'est pas moi» disent les enfants alors qu'on vient de les prendre en flagrant délit de telle ou telle sottise. C'est une attitude puérile qu'il faut éviter. Acceptez les faits... et leurs conséquences. Cela donnera de l'authenticité à ce que vous pourrez dire par ailleurs.

Ne vous laissez pas enfermer dans une discussion point par point

La plupart des discussions de ce type sont stériles parce que personne n'écoute personne. Et que chacun est amené à utiliser des arguments qui ne sont que des réponses à peu près vides à ce que vient de dire l'autre. Prenez de la hauteur par rapport à la discussion.

Ne refusez pas des concessions

«Il faut parfois concéder que les navets sont des poires. » Proverbe allemand

De temps en temps dites quelque chose du genre : *«Vous avez entièrement raison sur ce point... »,* vous donnerez l'impression d'être ouvert. Évidemment, vous ne concédez autant que possible que des broutilles.

Devant un public

Le plus souvent, comme dans un débat télévisé, il ne s'agit

évidemment pas de convaincre l'adversaire, qui a ses opinions, les défendra et n'en changera pas, mais d'apparaître aux yeux du public comme ayant «gagné» le débat (en fait le combat). C'est un match, et peu importe la beauté du jeu, tricheries non visibles comprises. Seul importe le résultat !

Les arguments qui peuvent être utilisés sont donc très différents de ceux évoqués ci-dessus. Et les plus efficaces ne sont pas forcément les plus fins.

Usez de l'argument d'autorité

C'est un arguments très puissant, car utilisé dans le domaine religieux («*Car il est écrit...* ») et l'on ne peut évidemment pas s'opposer à la parole de Dieu. C'est aussi l'argument du vainqueur à la guerre. De proche en proche, il a été utilisé dans d'autres domaines, jusque dans le domaine artistique. Et les autorités ne manquent pas, comme le sait le citoyen ordinaire. S'y rajoutent tous les «experts», qu'ils le soient réellement ou seulement autoproclamés

Selon les époques et les pays, les autorités incontestables varient et ont plus ou moins de poids. A une époque, une pensée de Mao Zedong faisait autorité jusque très loin de la Chine dans des groupuscules maoïste, tout en faisant rire dans d'autres milieux. C'est bien oublié de nos jours.

De plus les autorités vieillissent. Faire appel au Président Houphouët-Boigny ne sera plus de nos jours convaincant que pour des personnes âgées : les jeunes l'ont oublié, comme De Gaulle en France.

Dans l'entreprise, il va de soi que citer le PDG est un argument incontestable. On collectionnera donc ses petites phrases. A la limite, on les inventera. Prudemment ! Mais l'expérience montre qu'il ne s'en apercevra même pas. Car s'il ne l'a pas dit, il aurait pu le dire !

Utilisez le bon sens

Face à des arguments très sophistiqués ou très savants, l'appel au bon sens (celui de nos planteurs !) peut être efficace pour contrarier les arguments d'un contradicteur. Cela fera plaisir à la partie du public qui ignore ou veut ignorer les aspects techniques du débat, et n'aime pas les technocrates.

Disqualifiez par des qualificatifs infamants

Il est souvent plus simple de ne pas vraiment argumenter mais de disqualifier globalement la position de l'adversaire en la taxant d'un qualificatif infamant. *Communiste* aux USA, *fasciste* en France, *néocolonialiste* en Afrique, *impérialiste* ailleurs, sont des qualificatifs très flous, plus de l'ordre de l'injure que de l'argument rationnel, mais qui piègent l'adversaire en l'obligeant à se défendre de façon, elle aussi, très floue.

Évidemment, dans ce domaine aussi, il y a des effets de mode et comme chacun sait la mode vieillit vite. Il y a aussi des matraquages publicitaires, qui vieillissent eux aussi très vite. Tenez vous donc au courant.

On peut même s'en tenir à des choses très vagues. On peut qualifier les propos de quelqu'un de «*nauséabonds*», sans évidemment préciser en quoi ils le sont. C'est très utilisé en politique, mais cela peut servir dans bien d'autres circonstances.

Distinguez la théorie et l'application

La théorie, c'est «*toutes choses égales par ailleurs*», conditions rarement réunies dans la réalité. Et il est vrai que des choses bien séduisantes «*sur le papier*» auront parfois du mal à être traduites concrètement dans la réalité quotidienne. L'argument a d'autant plus de portée que votre public n'est pas trop intellectuel et que pour lui, théorique est plus ou moins synonyme d'improbable et surtout d'inapplicable.

Poussez jusqu'à l'absurde

Un journaliste français (R. Aron) avait fait remarquer dans les années 1950 que si la production d'acier continuait à croître au rythme de l'époque, son volume dépasserait vite celui de la terre entière. Pousser une idée jusqu'à ses limites extrêmes, et donc en tirer TOUTES les conséquences, peut montrer que celle-ci n'est peut-être pas si bonne que cela.

Généralisez ou restreignez abusivement

Beaucoup de propositions sont vraies dans un certain nombre de cas, mais peuvent ne pas l'être dans toutes situations ou circonstances. On peut donc les contrer en les généralisant jusqu'à des situations où elles ne sont manifestement plus vraies.

L'inverse, c'est à dire la restriction, peut dans certaines discussions être tout aussi efficace. On restreint la proposition de l'adversaire à un cas si particulier qu'elle n'est plus vraie et on laisse entendre qu'elle n'est jamais vraie.

Utilisez les distinctions

C'est une technique qui remonte aux discussions théologiques du Moyen Age européen. Elle consiste à distinguer abusivement des sens différents entre deux acceptions d'un même terme ou entre deux synonymes. Blaise Pascal s'en est abondamment moqué dans ses «*Provinciales*», à propos de leur utilisation par l'ordre religieux des jésuites.

Cette technique a été ensuite très utilisée dans le domaine des idées politiques. Par exemple, les marxistes de tous poils en ont fait un usage intensif. Il a en effet l'avantage de justifier à peu près n'importe quoi. Exemple : « *L'entreprise doit être bénéficiaire, mais ne doit pas être obnubilée par la plus value.* » Ce genre de phrase peut être interprétée de plusieurs façons, ce qui permet ensuite de justifier ce que l'on veut. C'est de nos jours une technique un peu déconsidérée par l'abus qui en a été fait, mais qui reste efficace.

Utilisez des comparaisons qui vont dans le sens de ce que vous avancez

Dans bien des domaines, vos auditeurs n'ont pas une idée très claire des dimensions de tel ou tel phénomène. La distance représentée par une année lumière n'est guère concevable par la plupart. C'est pourquoi on utilise souvent des comparaisons qui sont plus « parlantes » : « fin comme un cheveu », etc. Certaines sont populaires : «long comme un jour sans pain», d'autres plus savantes. L'essentiel est d'être compris.

Mais ce à quoi on compare n'est pas innocent. Certaines comparaisons auront un effet positif, renforçant ce que vous avancez. D'autres risquent d'avoir l'effet inverse. Comparer un coût à celui de la construction d'un hôpital n'a pas le même sens que de le comparer à celui de la construction d'une prison.

Utilisez des tournures de phrase un peu étranges mais à la mode

Un certain nombre de journalistes ou de membres de cabinets-conseil, pour se distinguer du commun des mortels utilisent des tournures de phrases alambiquées ou des mots pris hors de leur signification ou de leur contexte habituels. C'est du snobisme pur et simple. Il s'agit comme toujours pour l'auteur d'apparaître comme exceptionnel et de frapper ainsi le lecteur.

C'est évidemment un procédé qui peut être utilisé dans la rédaction de rapports, mais aussi élargi à dans d'autres circonstances.

Attention, cela peut agacer certains. On restera donc en phase avec la culture de l'entreprise en vérifiant ce qu'elle peut supporter et l'on veillera à étonner et à impressionner mais à ne pas choquer, ni à se rendre ridicule.

«J'aime bien être hors de ma zone de contrôle». Nous avons cru comprendre que cela voulait dire : Je prends des risques.

«Elle est habitée par son rôle. » C'est à dire : elle joue bien son rôle.

«Elle se met en danger. » A propos d'une romancière ! Et il ne s'agit même pas de roman policier !

«Il est porteur d'une symbolique. » Au lieu de : Il symbolise, tout simplement.

Collectionnez-les, les journaux en sont truffés. Puis, alternez soigneusement les tournures américaines, françaises et ivoiriennes avec un peu de nouchi. Pour le chinois, attendez encore quelques années !

Exemple ivoirien. Gbich ! s'est récemment moqué de l'utilisation intensive et abusive du mot : «émergent».

Accumulez des adjectifs qui sonnent bien

Exemple : *«La pensée de (XYZ) est extraordinairement diverse, elle fait fi des séparations académiques les mieux ancrées, elle refuse le dogmatisme aveugle, le monolithisme réducteur. Elle permet par exemple de réinterroger tout à la*

fois les structures du langage, les mécanismes du pouvoir,
l'éthique du sujet... Elle est inventive, inquiète, elle refus de se
laisser enfermer dans des slogans réducteurs ou des vérités
définitives. En ce sens, elle est adaptée à notre époque de
mutations, qui redessine les lignes de partage et reconfigure
les identités. » (F. Gros. Le Monde, 21/06/2014.)

L'avantage, de ceci est que vous pouvez mettre à peu près n'importe quel nom à la place de XYZ. Que de temps gagné ! Vous pouvez même y mettre le nom de votre DG ou de votre PDG, si vous êtes à un niveau hiérarchique suffisant et si votre sujet s'y prête un peu.

Par écrit, allez jusqu'au charabia

«On admire les choses que l'on ne comprend pas. » Proverbe indien.

Le philosophe allemand Schopenhauer reproche à un autre philosophe allemand, Hegel, d'écrire en alignant des mots, à charge pour le lecteur de leur donner du sens. Autrement dit, de proposer des phrases vides de toute signification. Cela na pas empêché les œuvres de Hegel d'être commentées à n'en plus finir, celles-ci ayant bénéficié, entre autres, de la bénédiction de Marx et des marxistes.

L'utilisation du charabia est très utile dans les domaines peu scientifiques, les sciences humaines et la gestion du personnel, l'économie, la politique d'entreprise, etc. Elle permet d'une part d'impressionner l'adversaire et le public en utilisant un vocabulaire grandiose, quoique hors de propos, et d'autre part de se déjuger facilement par la suite en soutenant que l'autre n'a pas compris la profondeur de votre pensée.

Faites attention à ce que le charabia passe beaucoup moins bien oralement que par écrit. L'art oratoire n'est pas non plus très honnête, mais il utilise d'autres moyens.

Insistez sur un point banal

Si vous dites :*«La plupart des fleurs sont parfumées»*, vous n'exprimez qu'une évidence. En revanche, si vous dites :*« La plupart des fleurs sont parfumées, j'insiste sur ce point»* vous laissez entendre qu'il y a derrière votre pensée un monde de profondeurs insoupçonnées. Inutile de développer, ce serait même dangereux pour vous. Les illusionnistes ne font pas le même tour deux fois de suite devant le même public ! A vos interlocuteurs de découvrir la richesse de ce que vous ne dites pas.

Évidemment, çà marche mieux avec des subordonnés qu'avec des supérieurs. Quoique...

Le deuxième sexe

«Celui qui est bien vu des femmes n'a ni faim ni soif. » Proverbe breton

L'arrière plan sociologique et économique

« Bon, et puis les Africains, nos frères, ils ne sont pas bons avec les femmes...!» Extrait d'entretien.

« Ça, c'est déjà ça qu'on apprend à une fille, le sentiment qu'on n'est rien. » Extrait d'entretien.

Les européens ont, dans le passé, incroyablement fantasmé sur la femme africaine : esclave ou femme libérée, au choix suivant les auteurs, e les époques, mais ont produit peu de données utilisables actuellement. Et les statistiques disponibles sont fragmentaires.

Il faut d'abord rappeler la lourdeur des tâches traditionnellement confiées aux femmes : travaux des champs, travaux ménagers, corvées d'eau et de bois, grossesses rapprochées (selon l'UNICEF, le taux global de fécondité est en Côte d'ivoire de 4 en 2011 ; il était encore de 8 en 1970) et accouchements dans des conditions sanitaires précaires, éducation puis établissement des enfants, etc.

Selon de récentes estimations, les femmes africaines constituent près de 70 % de la force agricole du continent et produisent environ 90 % de toutes les denrées alimentaires. Le taux d'activité économique — qui mesure le pourcentage de gens dont la force de travail assure la production de biens économiques — est supérieur concernant les femmes d'Afrique (61.9 pour cent) à celui de la plupart des autres régions du monde. De plus, l'immense majorité des femmes africaines est employée dans le secteur informel ou sinon à des postes peu qualifiés.

Le pourcentage de femmes africaines salariées dans le secteur non agricole, l'un des plus faibles du monde (8.5 pour cent), est à cet égard éloquent (Source : UNICEF). On ne dispose pas de chiffres spécifiquement ivoiriens récents. Mais la Côte d'Ivoire, là comme ailleurs, doit se situer dans la moyenne basse des pays africains.

Il faut aussi rappeler le statut coutumier inférieur de la femme dans beaucoup de pays. Et si dans certains groupes ethnique la jeune fille bénéficie d'une réelle liberté sexuelle, bien des mariages restent arrangés par les familles. « *Si Dieu avait voulu que nous fissions des mariages d'amour, pourquoi aurait-Il créé les maîtresses ?* »

Et les lois qui protègent les femmes, lorsqu'elles existent, ne sont pas toujours vraiment appliquées … Même en Afrique de l'ouest ! Et d'ailleurs, chaque année, quatre millions de femmes dans le monde sont vendues et achetées pour le mariage forcé, l'esclavage, la prostitution. Environ 40 millions de personnes sont prostituées dans le monde, en grande majorité des femmes et des enfants. La prostitution engendrerait un chiffre d'affaire mondial de 60 milliards d'euros ; elle représente jusqu'à 14 % des PIB de pays d'Asie, 5 % du PIB des Pays-Bas. (Source : OIT).

Quant à ce qui est spécifique à la Côte d'Ivoire, Mme Cheryl J. Sim, Chargée d'Affaires de l'Ambassade des Etats-Unis en Côte d'Ivoire, a déclaré, que les jeunes filles ne réalisent pas leur plein potentiel, soulignant, par ailleurs, que «32% des filles ivoiriennes sont sujettes à l'excision». Elle ajoute que: «62% des femmes en Côte d'Ivoire sont illettrées. 40% des filles de 15-19 ans n'ont pas été à l'école, 36% des filles vivent maritalement avant l'âge de 18 ans, l'âge légal pour le mariage, et 30% des filles de 15-19 ans sont mères ou sont enceintes. » (Discours lors de LA JOURNÉE INTERNATIONALE DE LA FEMME. 12 mars 2014.) Le taux de mortalité maternelle est de 400 pour 100 000 naissances, ce qui place la Côte d'Ivoire au 26° rang des pays sur 183 (le 1° rang étant le plus mauvais). Il y a donc d'énormes progrès à faire.

Par ailleurs, selon le même auteur, lorsque de telles filles doivent s'occuper elles-mêmes de leurs enfants, la mortalité infantile est accrue ainsi que les risques de maladie pour la mère, l'éducation des enfants est bâclée et les opportunités économiques sont limitées.

«Il est assez inhabituel, pour un haut fonctionnaire américain, de publier une analyse claire et concise. » (S. Johnson, Le Monde, 29/3/2014.) D'ailleurs, l'on cite rarement une ambassade des USA dans les ouvrages sérieux, car sa fonction relève plutôt de «l'agit-prop», mais ces chiffres là sont cautionnés par le Ministère de la santé ivoirien.

Ce que la Chargée d'affaires ne dit pas, mais que tout le monde devine, c'est qu'une des issues de telles situations est évidemment la prostitution. Le présence de milliers de soldats de l'ONU, jeunes et solvables, n'arrange évidemment pas les choses, de l'aveu même de l'ONU, qui dit lutter contre ce phénomène. Mais ONU et efficacité appartiennent à des catégories conceptuelles et surtout d'action fort éloignées.

Les femmes ivoiriennes et le monde de l'entreprise

«C'est par le travail que viennent les cauris. »
Proverbe africain

D'après les chiffres du Centre de promotion de l'investissement en Côte d'Ivoire, entre janvier et mai 2013, sur les 800 entreprises enregistrées au cours de cette période, seules 15% étaient aux mains de femmes. A titre de comparaison, en France à la même date, les femmes figuraient pour 29 % parmi les créateurs d'entreprise d'après l'INSEE français.

L'on sait par ailleurs que, sauf dans quelques pays du nord de l'Europe, il n'y a pas d'égalité entre hommes et femmes dans les entreprises et que les femmes y ont peu de postes de responsabilité. C'est le fameux «plafond de verre» qui bloque les promotions féminines. Il en va de même en Côte d'Ivoire, mais l'on manque de données précises.

Ces chiffres sont cependant en partie trompeurs, car ils ne tiennent pas compte du « secteur informel » dont l'importance économique est considérable et représente plus de la moitié du PIB, probablement (95 % au Bénin, selon Wikipedia) et qui emploie une main d'œuvre très importante, les tâches étant effectuées «à la main». Et une vendeuse d'alloko est techniquement un entrepreneur et démontre chaque jour un véritable esprit d'entreprise, même si elle n'est pas enregistrée, ne paie pas d'impôts, etc. Cependant, il lui faudra mobiliser un petit capital, assurer son fonds de roulement, choisir un emplacement (et l'on sait qu'en termes de fonds de commerce, trois choses sont fondamentales : 1°. L'emplacement, 2°. L'emplacement, 3°. L'emplacement.), s'y faire accepter, etc.

Et elle en restera là. Bien sûr, elle pourrait s'associer avec d'autres femmes et fournir des repas aux ouvriers des chantiers voisins et traiter avec des entreprises. Mais comme ces dernières règlent leurs factures à 90 jours fin de mois (plus les retards), son «fonds de roulement» n'y résisterait pas. Là comme ailleurs, un «plafond de verre» sépare deux univers, les grandes et puissantes entreprises d'un côté et le secteur informel de l'autre, qui végète et ne se modernise pas. Il n'en a pas les moyens et à force de ne pas les avoir, il en abandonne l'idée et la volonté.

Évidemment, notre vendeuse d'alloko ne sera jamais riche, car le travail n'a jamais enrichi personne, contrairement à ce que disent les gens riches ! Mais il s'agit de stratégie de survie et non d'accumulation capitalistique. Elle participera cependant à cette accumulation en étant soumise à divers rackets, dont le montant, après un détour par les îles Fortunées, ira participer ailleurs à un développement économique dont elle sera exclue. Les ancêtres des Français, les Gaulois, le disaient déjà, après l'une de leurs rares victoires sur les Romains : *Vae victis !* (Malheur aux vaincus)

Par ailleurs, en quelque sorte à l'autre bout de l'échelle, chacun connaît, au moins de réputation, les « Mama Benz », ces femmes d'affaires (plutôt commerçantes, à vrai dire), qui réussissent et le font savoir...

La gestion de votre patronne

> «Chaque fois que les femmes émergent, elles ont toujours de nombreux atouts, sinon elles n'arriveraient pas, vu le parcours de combattant qu'elles doivent faire pour se faire reconnaître. » Mme Osseni, une Mama Benz.

L'arrière plan économique et social montre donc que les choses ne sont pas faciles pour beaucoup de femmes africaines. Il faudra en tenir compte dans votre gestion. Ces femmes-là ont du beaucoup lutter et ont un caractère trempé. Ayant subi, peuvent-elles penser, pas mal d'injustices, elles supporteraient mal des attitudes cavalières. Il vous faudra donc montrer clairement à votre patronne que vous reconnaissez ses qualités.

D'un autre côté, ayant eu nombre d'enfants à élever et souvent la charge des bonnes et des boys, quelquefois traités cavalièrement, c'est le moins que l'on puisse dire, elles sont parfois un peu autoritaires, ayant une certaine tendance à croire qu'elles savent mieux que vous ce qui vous convient. Pour elles, presque tout le monde est un enfant, parfois mari compris ! Alors, les subordonnés...

Enfin, pour d'obscures raisons, certaines personnes, en vieillissant, deviennent (ou se révèlent) méchantes et on les craint pour cette raison. On les assimile parfois à tort ou à raison, à des sorciers ou sorcières. C'est, dit-on, mais sans aucune vérification statistique sérieuse, plus fréquent chez les femmes. »*Pour un sorcier, dix sorcières.* » disait Michelet à propos de l'Europe au Moyen Age, ce qui révèle surtout l'anti-féminisme de l'époque.

Analysez donc bien le caractère de votre patronne. Une «*Dame de fer*» est gérable. Une femme méchante, ne l'est pas , surtout pour une autre femme !

«Ce qu'on donne aux méchants, toujours on le regrette.

Pour tirer d'eux ce qu'on leur prête,

Il faut que l'on en vienne aux coups;

Il faut plaider, il faut combattre.
Laissez leur prendre un pied chez vous,

Ils en auront bientôt pris quatre. »

La Fontaine, *Fables,*

Dans certain cas, l'attitude la plus efficace s'inspire du :«

Soyons courageux, fuyons !»

D'où vient-elle ?

« Si la femme était mauvaise, le Diable en
aurait pris une. » Proverbe géorgien

Elle est arrivée par ses réelles compétences

Et elle sait s'imposer à ses collègues masculins. C'est un bon
patron. Essayez de faire une vraie équipe avec elle, même si
elle a quelques petits défauts de caractère.

Elle est arrivée par son travail

Et seulement son travail. Par exemple, elle maîtrise les
logiciels de traitement de texte mais elle rejette les tableurs.
Elle travaille donc beaucoup, mais avec une efficacité faible.
Elle plafonne d'ailleurs à son poste et en montre quelque
amertume.

Soit elle est sympathique avec vous et vous devez lui donner
un petit coup de main de temps en temps, sans le lui montrer
évidemment. Soit elle ne l'est pas et vous pouvez envisager...
de prendre son poste à terme.

C'est la fille d'Untel...

Les portes ont toujours été ouvertes devant elle. Heureusement
d'ailleurs qu'elle n'ait pas à les pousser, car elle a toujours les
bras encombrés de paquets, ses principales préoccupation et
occupation étant le shopping. Elle est donc souvent à Milan ou
à Dubaï. Et elle espère bien monter un jour dans l'avion
présidentiel.

Elle n'est pas obligatoirement désagréable, mais elle n'a pas
l'habitude qu'on la contredise. Ne vous y risquez donc pas. Elle

délègue facilement... ce qui l'ennuie. Mais elle peut assumer ses responsabilités car elle se prend à l'occasion pour un redoutable manager, selon l'adage : *«Bon sang ne saurait mentir.* » Elle est en effet très consciente d'être la fille de son père !

Ayant l'habitude d'être complimentée, sinon flattée, votre absence d'empressement dans ce domaine la choquerait beaucoup. Il faut au contraire doubler ces compliments. Si par hasard, elle est jolie, triplez-les. D'ailleurs elle se croit sûrement jolie, qu'elle le soit ou non.

> *Tout le monde sait comment elle est arrivée là...*

Mais çà ne se dit pas... Enfin, c'est ce que racontent les mauvaises langues... et ses meilleures amies !

Mais après tout, on est en Côte d'Ivoire, avec ses particularités culturelles.

D'ailleurs, selon le proverbe indien : « *Au moment de la récolte, le rat a quatre femmes.* »

Qui est-elle ?

Sur le plan psychologique, hommes et femmes peuvent avoir les mêmes caractéristiques. Reportez-vous à ce que nous avons dit plus haut sur les patrons en général. Ajoutons cependant quelques points.

L'apparence physique

> « Dites une fois à une femme qu'elle est jolie, le diable le lui dira dix fois par jour. »
> Proverbe français.

Un aspect important à considérer, dans le cas d'une femme, est son apparence physique, parce que cela retentit sur sa psychologie et sa relation avec autrui dans au moins deux cas extrêmes : une évidente beauté ou une disgrâce de la nature plus ou moins marquée. Ajoutons un troisième cas, celui des femmes qui se pensent jolies mais ne le sont pas. C'est assez fréquent chez les filles d'hommes riches mais physiquement quelconques, qui ont épousé une jeune et jolie femme. Les dures lois de l'hérédité peuvent faire ressembler la fille à son père. Gâtée par les uns, elle sera flattée par les autres, et elle se prendra pour un phénix, selon le proverbe français cité plus haut. Puis elle usera et abusera des ressources de la chirurgie esthétique avec les résultats que l'on sait, c'est à dire discutables.

Dans le premier cas, privilégiée par la nature, et ayant profité de cet avantage depuis le plus jeune âge, elle sera habituée à ce qu'on lui cède à peu près sur chaque point. Dans le second, elle aura plus ou moins une revanche à prendre et cherchera des compensations. Dans le troisième, elle est prête pour la névrose.

C'est un sujet délicat à considérer car on tombe facilement dans le sexisme, mais il faut y réfléchir. Attention, c'est aussi un sujet complexe, et ne vous arrêtez donc pas à des idées simplistes.

L'apparence qu'elle veut se donner

« Joli dessus, vilaine doublure. » Proverbe français.

Cela concerne l'habillement, vêtements et chaussures, certaines femmes ayant de véritables collections de souliers. Mais aussi la coiffure, le maquillage du visage, les ongles et leur vernis, le décolleté plus ou moins profond, les bijoux, les accessoires, etc. Et aussi le type d'automobile ou n'importe quoi d'autre qui puisse la distinguer du vulgaire.

Il faut évidemment rapporter ceci à l'entourage. Les hommes politiques américains semblent toujours sortir de chez le coiffeur. C'est donc normal chez eux. Et être bien (trop bien) coiffé n'a pas ici de signification particulière.

L'habillement, et tout le reste, peut être élégant et soigné ou tapageur. Il peut être authentiquement griffé de marques réputées ou porter de fausses griffes asiatiques. Il peut aussi ne pas afficher sa provenance, ce que certains considèrent comme plus raffiné.

Il peut tenter de rajeunir celle qui les porte.

Il peut vouloir séduire. Il peut... etc.

A vous de noter tout cela et d'en tirer les conclusions.

Si vous êtes un homme et malhabile dans ces domaines, demandez aux femmes de votre entourage ce qu'elles en pensent. Elles ont généralement dans ce domaine un regard perçant quoique parfois un peu trop critique. Mais vous ferez la part des choses.

Vous êtes une femme

En forçant un peu le trait, on pourrait dire que beaucoup de relations entre femmes sont à base de jalousie sinon d'envie. S'y mêle un peu de paranoïa, c'est à dire le sentiment d'être plus ou moins persécutée (crainte, par exemple, d'être empoisonnée et autres traces des sorcelleries d'autrefois, qui ont probablement disparu dans les faits mais non dans les psychologies.)

Vous êtes plus jeune

C'est la situation habituelle sinon normale car l'âge, la compétence, les responsabilités vont de pair en général. Vous avez encore beaucoup à apprendre, du moins votre patronne le pense-t-elle. Donc, restez à votre place avec l'humilité qu'on attend de vous. Et remerciez-la régulièrement pour tout ce qu'elle vous apprend, (que vous appreniez ou non !) car un des travers des responsables, nous l'avons dit, est de croire qu'il savent mieux que vous ce qui est pourtant de votre compétence et non de la leur.

Et ne mettez pas en avant vos avantages physiques si vous en avez. C'est ce qui est le moins pardonnable. Sur ce plan là aussi (surtout), soyez discrète

Vous êtes plus âgée

Soir par manque de diplômes, soit pour toute autre raison (les enfants, par exemple), votre carrière a été ralentie ou même bloquée. Vous n'êtes donc pas la concurrente de votre patronne ni sur le plan professionnel ni sur celui de la séduction. Vous devriez donc avoir des relations apaisées. Si ce n'est pas le cas, vérifiez de façon approfondie que cela ne vient pas de vous !

Vous êtes un homme

Les sociétés africaines sont assez « machistes» et de façon générale, les familles ont (avaient ?) tendance à sacrifier les filles aux garçons, en termes d'instruction par exemple. »*Une sœur peut mourir pour son frère, mais un frère n'est jamais mort pour sa sœur.* » (Proverbe géorgien). Les hommes, certains tout du moins, ont donc tendance à se croire intrinsèquement supérieurs aux femmes : « *Les hommes font, les femmes défont.* » Ne faites pas cette erreur avec votre supérieure ! Elle ne supporterait pas une telle attitude !

En revanche, elle peut apprécier une attitude courtoise sinon un peu galante (juste un peu !)

Vous êtes plus jeune

Ce peut être un piège, si vous succombez à une sorte de sexisme et que vous vous mettiez en tête que votre séduction naturelle devrait faire son effet... naturel. Prenez plutôt une attitude filiale ! Et mettez votre dynamisme à son service.

Vous êtes plus âgé

Ce peut être aussi un piège si vous appréciez peu d'être sous l'autorité de quelqu'un de plus jeune et n'ayant pas votre expérience. Ne mettez pas constamment cette dernière en avant, en laissant plus ou moins entendre que, elle, elle en manque !

Ne prenez surtout pas une attitude paternelle, qui serait vécue, par votre patronne, comme paternaliste, sinon machiste. Gommez la différence d'âge.

Le décor

Les spécificités de la Côte d'Ivoire

> « Ventre plein, nègre content. » Proverbe français

Les sociétés africaines comportent évidemment des spécificités qui affectent le sujet traité ici. Il est assez manifeste que l'on ne peut pas gérer son patron de la même façon en Suède, en Arabie saoudite ou en Corée du Nord. Il faut visiblement s'adapter à la culture (sociale et politique) et aux psychologies locales. Nous ne traiterons ici que de quelques unes de ces spécificités, les plus importantes pour notre propos.

Les sources

> « Un africaniste ne s'autorise que de lui-même. » Adage parisien.

Longtemps, l'intérieur de l'Afrique a été une série de taches blanche sur les cartes européennes. « *Terra incognita* » (terre inconnue) disaient les savants, sauf évidemment des populations locales ! C'est le même eurocentrisme qui fait appeler « découverte de l'Amérique » ce qui a été une conquête sanglante et un des plus grands génocides de l'histoire humaine.

Longtemps aussi l'Afrique est restée pour les Européens le miroir de leurs fantasmes. Mystérieuse (Louis Jacolliot), ambiguë (Georges Balandier), fantôme (Michel Leiris), mal partie (René Dumont) étaient les qualificatifs, généralement péjoratifs, qu'on lui accolait. C'est évidemment mélanger un auteur de livres à sensation et des auteurs reconnus, mais le tonalité est la même. Et de façon plus générale : « *Tristes Tropiques* » (Lévi-Strauss). Comme si l'Europe du Nord était particulièrement riante sinon radieuse ! On a même trouvé sans peine un complexe d' « *Œdipe africain* » (E. et M. C. Ortigues), alors que le complexe européen était lui-même mal documenté et assez contestable, mais intellectuellement et financièrement rentable. Il faut noter qu'à quelques rares exceptions près, aucun de ces « spécialistes » ne maîtrisait vraiment aucune langue ouest-africaine, même pas les pidgins locaux. Il faut les avoir vu débarquer le magnétophone en bandoulière, pour enregistrer en « petit nègre », les subtilités d'une religion, d'une morale ou d'un système politique !

Longtemps aussi, pour les savants européens, l'Afrique a été « un terrain » dont on rapportait des « données » valorisées dans les universités européennes par des thèses dont l'objectif principal était la carrière du chercheur.

Longtemps encore, ces chercheurs ont plus été des romanciers, des «poètes», des «surréalistes» que des scientifiques rigoureux. Et l'on se demande quel crédit accorder à certaines œuvres pourtant très célèbres en France. Sans parler de ces journalistes qui connaissent et pratiquent le « nouchi » après quelques jours passés à l'Hôtel Ivoire mais qui ne connaissent Treichville qu'à travers les films de Jean Rouch. (C'est mieux que rien !), et ignorent le marché d'Adjamé déclaré zone dangereuse par le Consulat de France à Abidjan. Pas entiè-rement à tort, il faut l'avouer.

Longtemps enfin les africains eux-même se sont tu. Mais il est difficile de publier lorsque « la Sûreté » vous convoque pour explications, en raison d'un petit article de quelques lignes dans un bulletin paroissial !

Il faut ajouter que longtemps aussi les Africains eux-mêmes ont dévalorisé leurs propres cultures et les musées européens sont plus riches en œuvres d'art africaines que les musées locaux, qui se contentent souvent de copies récentes, quand ils ne sont pas fermés « pour travaux ». Il y a eu certes pillage d'un côté, mais aussi désintérêt de l'autre.

Au total, peu de faits, peu de chiffres et de statistiques ou vieillis, beaucoup d'approximations auxquelles nous n'avons donc pas échappé nous-même. Et paradoxalement, on peut accorder peut-être plus de confiance aux auteurs des années d'avant 1900, qui se contentaient d'observer, comme des naturalistes, sans coller sur leurs observations de ces interprétations sociologiques qui vieillissent si mal. Ajoutons que les règles internationales régissant les droits d'auteurs et rendant difficile et surtout coûteuse la consultation des ouvrages récents, ne facilitent pas les choses.

Les spécificités de la colonisation française

> « On ne fait pas d'omelette sans casser des
> œufs. »
> Proverbe français.

La colonisation française s'est évidemment faite à coups de
fusil, face à des communautés mal armées. A titre de
comparaison, les Espagnols munis de fusils, de canons et de
chevaux se battirent contre les autochtones d'Amérique équipés
seulement d'armes en pierre. En Afrique les populations étaient
de plus affaiblies par des siècles de traite des esclaves. Ces
populations cependant offrirent une forte résistance et dans un
ouvrage publié pour l'exposition coloniale de 1931, les français
citent le siège d' Assikasso en pays Agni, poste militaire
français, qui, en 1898, fut bloqué pendant 60 jours par des
combattants autochtones, ce qui donna probablement lieu ensuite à de sérieux ratissages !

La colonisation fut donc une série de guerres. « *Celles-ci
provoquèrent immédiatement des résistances violentes et
opiniâtres des peuplades indépendantes, primitives et
guerrières. A ce moment, on assista à une longue suite de
luttes épiques où l'on vit engagés contre les masses rebelles,
avec l'insouciance de la bravoure, le mépris du danger, un ou
deux Européens à la tête d'une poignée de miliciens ou de
tirailleurs.* » (La pacification de la Côte d'Ivoire : 1908-1915,
méthodes et résultats, par G. Angoulvant. Paris, 1916.) Car
cette conquête ne fut même pas l'œuvre de soldats français
mais de mercenaires.

L'astuce de la France fut de déclarer les autochtones sujets français (et non pas citoyens avec un droit de vote ! alors qu'elle le fit par décret pour la communauté israélite d'Algérie). Il n'y eut donc pas de guerre avec un droit de la guerre, plus ou moins protecteur vis à vis des soldats ennemis quoique rarement appliqué, mais une espèce de guerre civile contre des rebelles traîtres à leur patrie et justiciables de ces tribunaux militaires, capables de fusiller sans jugement comme ils le firent en France, en 1830, 1848 et 1871. Comme le dit un proverbe hongrois :« *C'est souvent le fusil et non la plume qui dicte la loi.* »

Il n'y a guère, dans l'histoire humaine, de colonisation pacifique et la violence s'exerce toujours sous une forme ou une autre.

« Mais un autre motif me retenait d'offrir à Sa Majesté mes décou-vertes pour agrandir ses domaines : à dire vrai, j'avais conçu quel-ques scrupules sur la façon qu'ont les princes de pratiquer, à cette occasion, la justice distributive. Par exemple : un navire pirate est poussé par la tempête sans savoir où il va; à la fin, un mousse grimpé sur le mât de vigie découvre une terre; les hommes débarquent, attirés par le pillage. Ils voient un peuple inoffensif qui les reçoit avec bonté : ils donnent au pays un nouveau nom, en prennent officiellement possession, au nom du roi; dressent sur le sol une planche pourrie ou une pierre en mémoire du fait; assassinent deux ou trois douzaines d'indigènes, et en emmènent une paire comme échantillon; puis ils retournent dans leur pays et obtiennent leur pardon. Voilà l'origine d'une nouvelle annexion, faite légitimement selon le «Droit divin». A la première occasion, on envoie des navires; les indigènes sont déportés ou exterminés, leurs princes torturés, jusqu'à ce qu'ils révèlent où est caché leur or ; pleine licence est donnée à tous les actes de cruauté et de luxure; la terre donne du sang de ses habitants, et cette odieuse troupe de bouchers, employée à une si pieuse entreprise, c'est une expédition coloniale moderne envoyée pour convertir et civiliser un peuple idolâtre et barbare.» J. SWIFT, Voyages de GULLIVER.

Cette violence continue à s'exercer même après « la

pacification », précisant clairement qui domine et qui est dominé. « *Il y a un vainqueur et un vaincu »,* dit clairement Angoulvant.

D'ailleurs, ces pacifications ressemblent à celles mises en œuvre par les Romains en Germanie ou en Gaule, dont un auteur latin disait: «*Ils créent un désert et appellent cela la paix.»* En Europe, plus tard, on a appelé cela « *la paix des cimetières* ».

Mais par rapport à d'autres, presque uniquement économiques, la colonisation française a été aussi culturelle. Autrefois, « *Fille aînée de l'Église* », puis Patrie auto-proclamée des «*Droits de l'homme* », la France a toujours prétendu avoir une « *mission civilisatrice* ». C'était en partie une couverture idéologique (pour elle-même puis pour la SDN, l'ancêtre de l'ONU), en partie un objectif réel, même si son atteinte fut confiée à plus de militaires et de missionnaires que d'instituteurs. Pour la plupart d'entre eux, civiliser voulait d'abord dire détruire l'existant.

A cette destruction, les missionnaires (à l'exception de quelques intellectuels de certains ordres religieux) s'employèrent avec le plus de succès.« *Abîme tout plutôt, c'est l'esprit de l'Église. »* (Boileau)

Ils détruisirent ainsi des milliers d'œuvre d'art au prétexte que c'étaient des « fétiches ». Avec une ignorance prodigieuse

Mais il n'y avait pas que l'ignorance. Il y avait aussi la propagande.

Dans un ouvrage intitulé Missionnaires en Afrique Française, publié à Paris en 1933, une gravure présente un empilement de crânes présentés comme des reliefs de repas d'anthropophages. Que dirait-on si l'on présentait les ossements des catacombes parisiennes comme des reliefs de repas d'anthropophages ?

Les missionnaires détruisirent du même coup les belles religions traditionnelles, qui n'étaient pour eux qu'amas de superstitions et de sottises, très loin des *grandes* religions monothéistes. Les premières ne survivent donc qu'à l'état de vestiges (tout ce qui tourne autour de la sorcellerie, par exemple, qui reste le fonds de commerce très rentable de beaucoup de « prophètes ») ou de ces syncrétismes dont le Harrisme est un bon exemple.

Quant aux (rares) instituteurs, ils enseignaient « *nos ancêtres les Gaulois* ». Il fallut des décennies au ministère de l'Instruction publique de la France pour se rendre compte du ridicule d'une telle assertion.

Encadrée par deux pays, le Liberia et le Ghana, qui ont subi des colonisations différentes, on peut en apprécier les résultats

La colonisation qui ressemble le plus à la française est l'américaine qui pense que tous ceux qui ne croient pas que « l'american way of life » est le stade suprême du développement intellectuel et moral de l'humanité, sont au mieux des sauvages, et au pire, des criminels sinon des terroristes. Mais le Liberia, qui certes était officiellement in-dépendant, mais avait plutôt, dans les faits, un statut de protectorat, a connu les crises que chacun sait.

En revanche la colonisation anglaise à buts essentiellement économiques sinon mercantiles (main mise sur les matières premières et conquête de marchés), a laissé en place les structures politique existantes tout en les cantonnant aux affaires locales. A l'heure actuelle, la croissance du PNB du Ghana est supérieure à celle de la Côte d'Ivoire. Et si le nescafé que je buvais il y a 20 ans était fabriqué en Côte d'Ivoire, l'actuel est fabriqué au Ghana. C'est anecdotique, mais cependant significatif.

Une autre spécificité de la colonisation française fut sa difficulté à admettre une indépendance pleine et entière. *»Un gros coq ne permet pas de chanter à un petit coq. »* (Proverbe ivoirien)

L'on raconte ainsi qu'à une époque eut lieu à Abidjan une réunion interministérielle destinée à fixer le montant du salaire minimum, et qu'à cette réunion assistaient 19 conseillers techniques français et UN ivoirien. Ce n'est qu'une anecdote mais assez révélatrice. Les conseillers techniques sont d'une part coûteux. Et d'autre part, s'ils ont généralement une compétence technique certaine, ils ont aussi ordinairement une incompétence humaine et sociale ahurissante, qui rend leurs belles mesures difficiles à appliquer sur le terrain. Au mieux, elles sont inefficaces, au pire, elles ont des effets pervers suivant l'euphémisme habituel. C'est à dire que les inconvénients du remède sont souvent pires que la maladie soi-disant soignée.

Certes l'on « noircissait » (ivoirisait) des postes, mais plus sur recommandation que sur compétence.

La diversité ivoirienne

La diversité d'origine

Il y a 50 ans on comptait une soixantaine de langues parlées en Côte d'Ivoire, Autrement dit on y dénombrait une soixantaine d'ethnies et donc de cultures différentes même si certaines étaient très proches.

La diversité issue du découpage colonial

« Jeu de prince ne plaît qu'à celui qui le fait. »
Proverbe français.

Taillée à coup de crayon par le colonisateur, sur une carte approximative et enserrée entre deux autres colonialismes (américain à l'ouest et anglais à l'est) les frontières de la Côte d'Ivoire n'ont pas tenu compte des implantations ethniques ; d'où ces population coupées en deux par une frontière internationale. D'où aussi le rattachement à une même autorité de populations très différentes sur les plans de l'organisation sociale et politique. C'est un vieux constat : « *La Côte d'Ivoire a été créée de toutes pièces par la colonisation française. Elle est issue voici cinquante ans d'un territoire sans unité naturelle, sans homogénéité de population.* » (Gaston Joseph, 1944)

La carte des ethnies superposée à celle de la Côte d'Ivoire et des pays voisins donne un idée de ce dépeçage.A l'origine, lors de la création de ce territoire, il comprenait de plus la Haute-Volta (rebaptisé depuis Burkina-Faso), qui devint par la suite autonome. La ligne de chemin de fer Abidjan-Ouagadougou fut un des grands projets de la colonisation de cette région,

La diversité issue du développement

La colonisation française n'a pas été une colonisation de peuplement. et d'ailleurs la malaria a décimé les premiers colons. La présence européenne y a toujours été faible, (quelques milliers vers 1940, quelques dizaines de milliers après l'indépendance, très peu actuellement (souvent binationaux) et beaucoup de « blancs » étaient issus d'autres colonies françaises et n'avaient pas toujours de passeport français. Cela n'enlève rien à la prédominance, toujours actuelle, des intérêts des multinationales françaises (28 % de l'investissement étranger en Côte d'Ivoire est d'origine française en 2013, selon le consulat de France à Abidjan.) A titre d'anecdote, il est presque impossible de trouver des vins chiliens, californiens ou d'Afrique du Sud à Abidjan, mais il y a pléthore de vins « embouteillés en France », de cépage ou d'origine non précisés. Ce qui est amusant, c'est que l'Europe a imposé ces vins non européens en France, au nom de la concurrence, mais la Côte d'Ivoire ne fait pas partie de l'Europe et n'est donc pas concernée par cette concurrence.

Par ailleurs, pays le plus riche de l'Afrique de l'ouest francophone, la Côte d'Ivoire a été l'objet d'une très importante immigration économique africaine, qui a renforcé sa diversité ethnique, Il y aurait officiellement 40% d'étrangers en Côte d'Ivoire (peut-être beaucoup plus, mais les chiffres sont anciens, rares et sujets à caution) et plus de cent cinquante d'ethnies y seraient représentées, certaines d'origine géo-graphique africaine mais lointaine.

Enfin de nombreux ivoiriens ont passé de longues années en Europe. D'autres ont épousé des européennes. Et leur psychologie en a été plus ou moins métissée. Idem pour l'autre sexe, mais comme il est pratiquement absent des (vrais) postes de responsabilité...

La diversité des structures sociales

Il y a 100 ans, certaines sociétés d'Afrique de l'ouest étaient encore clairement matrilinéaires, c'est à dire que la filiation se faisait par les femmes. Une des conséquences en était que pour les enfants, la figue d'autorité était l'oncle maternel et non le père.

L'influence du colonisateur a fait officiellement disparaître ces structures, mais il en reste évidemment des traces, fut-ce dans les inconscients. Cela complique les structures familiales.

La labilité familiale

La polygamie a pratiquement disparue pour des raisons légales ... et économiques, car il faut être riche pour être polygame. Elle a laissé place, semble-t-il, à une polygamie successive, les partenaires étant assez fluctuants. Une des conséquences est le grand nombre de foyers monoparentaux (« *Quand l'enfant apparaît, le mari disparaît* ») et d'enfants plus ou moins livrés à eux mêmes, même s'ils sont officiellement mais vaguement placés chez des membres de la famille.

Ceci complique évidemment la construction psychologique d' images d'autorité stables et légitimes.

La diversité des systèmes d'autorité traditionnels

Ils sont très divers, allant de la royauté à des systèmes que l'on a pu qualifier d'anarchiques. Les choses sont assez complexes en réalité, le pouvoir des rois ou des chefs étant contrebalancé par des contre pouvoirs divers, et les sociétés « anarchiques » étant évidemment tributaires de pouvoirs structurés, même s'ils sont plus discrets qu'ailleurs ou limités aux lignages.

« *Au fond, dans tous les pays Agni, la forme politique qui prédomine actuellement est l'anarchie tempérée par un grand respect des traditions, de l'âge et de l'étiquette.* »

« *Malgré l'existence de ces chefs supérieurs, plus ou moins respectés et obéis, chaque sous-groupe et souvent même chaque village Adioukrou forme une petite république administrée par le conseil des notables dans lequel le chef a simplement voix délibérative au même titre que les autres membres.* »

« *Si l'on veut bien considérer que chez les Kroumen, l'autoritédu chef de tribu ou de village est presque uniquement nominale, que seule celle du chef de famille possède une réelle existence...* »

« *Actuellement le descendant d'Aoura Pokou (la reine Pokou) jouit du respect que l'on doit aux descendants des héros ; nominalement il est le premier chef du Baoulé mais c'est tout.* » (Clozel et Villamur, Les coutumes indigènes de la Côte d'Ivoire, Paris,1902.)

On est donc loin, le plus souvent, des sanglantes dictatures imaginées par certains voyageurs en mal de sensationnel et qui furent d'ailleurs prétexte à quelques expéditions coloniales, par exemple dans l'actuel Bénin.

Il faut ajouter un point. Dans certaines sociétés ivoiriennes et africaines en général, le pouvoir n'était pas seulement temporel, mais avait une dimension « magico-religieuse ». Le chef avait des «pouvoirs», dus à une relation parti-culière avec l'au-delà et notamment les ancêtres. Il y a peu encore, lorsqu'on quittait certains villages, on allait saluer le chef et lui « demander la route ». Ce n'était pas simple formule de politesse. On lui demandait en fait de lever les obstacles magiques qui défendaient l'entrée et la sortie du village. A défaut de quoi, on s'exposait aux pires ennuis ! Certes, tout cela a vieilli ou même disparu, mais il en reste des traces dans les mentalités des subordonnés... et surtout des chefs.

Une cascade d'autorités

Dans beaucoup de familles, si l'on demande un verre d'eau, la maîtresse de maison transmettra la demande à sa dame de compagnie, qui la répercutera sur la cuisinière, qui la fera exécuter par la petite bonne. Les degrés varient selon la richesse du foyer et donc la taille de la domesticité. A défaut de domestiques, la demande sera transmise chez les enfants en suivant la hiérarchie des âges et sera exécutée par la plus jeune des filles, les garçons, au statut toujours privilégié, n'ayant pas à s'occuper de ces tâches subalternes.

Des autorités autoritaires

« *Le bâton est le roi du monde.* » Proverbe français

L'organisation humanitaire internationale, International Rescue Committee (IRC), section Côte d'Ivoire, en 2012, a lancé une campagne de sensibilisation aux violences conjugales. 50 à 60% des foyers ivoiriens seraient concernés. Si l'on y ajoute les punitions physiques infligées aux enfants, acceptées par 80% de la population, le nombre de petites bonnes « chicotées » (pas de chiffres disponibles !), l'on prend conscience de ce que la société ivoirienne est assez autoritaire sinon violente. La circulation automobile, où les priorités sont rarement respectées, le montre d'ailleurs assez.

L'arrière plan économique

Les maux classiques du sous développement

La croissance économique facilite bien des choses : l'emploi, les rentrées fiscales, les bénéfices des entreprises, d'où des possibilités d'investissement. Plus une certaine confiance dans l'avenir, facteur de stabilité politique. En revanche, une croissance nulle qui laisse peu de jeu aux différents acteurs exacerbe les tensions.

Or, le PNB de la Côte d'Ivoire n'a pratiquement pas bougé depuis 30 ans, selon la Banque mondiale. Le PI par habitant est d'environ 1200 dollars américains courants en 2009 (1800 dollars en parité de pouvoir d'achat). Sa croissance est même légèrement négative sur cette période. Le seul élément en forte croissance est sa population, (2 % d'augmentation par an en 2010) particulièrement celle d'Abidjan, la Côte d'Ivoire continuant d'être le miroir aux alouettes de nombreux étrangers.

La Côte d'Ivoire continue à souffrir des maux du sous-développement. Exportation de produits bruts et importation de produits finis (l'on exporte, pas cher, des fèves de cacao et on importe du chocolat fort coûteux, en simplifiant un peu). Très faible part de l'industrie dans le PNB, mais hypertrophie des services dans celui-ci. Prédominance du secteur informel. Coûts des services exorbitants. Dette extérieure importante, endettement des administrations, des particuliers et des entreprises... La litanie, d'ailleurs bien connue, et qui n'est pas propre à la seule Côte d'Ivoire, serait sans fin.

Ajoutons-y cependant une très forte inégalité des revenus encouragée par les organismes internationaux. Les privatisations, quelles que soient les justifications macro-économiques qu'on leur donne, sont aussi un transfert de richesses des pauvres vers les riches, les services publics financés par l'impôt et donc en principe par les plus riches, étant remplacés par des structures privées payantes par tous. Mais au niveau mondial, selon La Banque Mondiale, 1 % de la population détient 50 % des richesses. La situation de la Côte d'Ivoire n'a donc rien d'exceptionnel.

Lié à cette inégalité, l'indice de pauvreté, défini comme la proportion d'Ivoiriens dont le budget de consommation est inférieur à un seuil donné (241 000 CFA en 2008), atteignait 48,9% à cette date. Il y a en fait une forte augmentation de la pauvreté en Côte d'Ivoire au cours des trois dernières décennies.

Ajoutons un taux d'analphabétisme qui va de 50 à 60 % de la population, selon les sources. Ce qui classe la Côte d'Ivoire au 163° rang sur 182 pays, en 2012, selon les Nations Unies.

Enfin, dernier indice de sous-développement : la corruption « *Depuis que les Européens nous ont conquis à coups de fusils pour nous apporter la " civilisation ", ils ont toujours voulu nous régenter prétendant savoir mieux que nous ce qui nous convenait. Et lorsque nous ne sommes pas sages, c'est à dire obéissants, ils nous coupent les vivres c'est à dire ces fameuses aides au développement qui enrichissent surtout leurs entreprises, leur corruption et évidemment la nôtre.* » (Extrait d'entretien.)

Dans un classement international, la Côte d'Ivoire occupe le 130 ° rang sur environ 180 pays, ce qui n'est pas génial. Mais l'ex-métropole, la France, se classe au 40° rang, ce qui ne l'autorise pas vraiment à donner des leçons ! D'ailleurs, l'administration coloniale n'était pas en reste.

Certes, les transporteurs routiers ont financé d'immenses affiches : *Halte au racket* ! Mais modifier l'état d'esprit et les comportements de toute une administration n'est pas simple, d'autant que les entreprises privées sont tout aussi impliquées.

« Les Blancs ont inventé une machine à attraper les voleurs. En Chine, en 5 minutes, elle en a attrapé 100. Au Mali, en deux minutes 200. En Côte d'ivoire, en une minute, la machine a été volée. » (Gbich !)

Un enseignement technique toujours insuffisant

Le rêve de beaucoup de parents est que leur enfant soit diplômé puis devienne fonctionnaire. Après tout, les organismes de crédit avantagent les fonctionnaires, leur garantie de l'emploi et leurs capacités de remboursement. Ceci fait que les filières classiques sont privilégiées au détriment des filières techniques, même si après nombre de redoublements beaucoup d'enfants quittent le système scolaire sans aucun diplôme et surtout sans aucune compétence d'aucune sorte.

Ces filières classiques sont surtout axées sur le « par cœur » et la mémoire est plus sollicitée que la logique ou la réflexion personnelle et encore moins l'esprit critique. De plus l'accès à Internet et à sa formidable documentation est encore limité.

Par ailleurs, le faible coût de la main d'œuvre fait que beaucoup de familles emploient des domestiques et que beaucoup d'enfants ne savent rien faire de leurs dix doigts, même pas des tâches faciles comme de changer une ampoule électrique ou de vérifier le niveau d'huile d'un véhicule automobile. Et comme le dit un proverbe irlandais : *« Les enfants oisifs vont à l'école du diable. »*

Les compétences techniques même les plus simples sont ce qui manque le plus cruellement à la Côte d'Ivoire, même si les formations en entreprise sont nombreuses et de qualité. Mais elle ne peuvent tout faire. Quant au secteur informel... il n'a en général même pas l'outillage minimal, ni bien sûr les compétences nécessaires. Comme ce jardinier qui arrosait les fleurs elles-même en oubliant de mouiller leurs racines, car on lui avait dit d'arroser « les fleurs ».

Il ne faut évidemment pas non plus se fier à ces diplômes coûteux aux titres ronflants décernés par un certain enseignement privé, généralement non reconnu par de véritables instances académiques. Un « diplôme », surtout s'il n'est qu'un parchemin, n'est pas une compétence à lui tout seul.

Le dénouement

Élaborez une stratégie

> « Tournez sept fois votre langue dans votre bouche avant de parler. » Proverbe français

La stratégie, c'est l'inverse d'une action brouillonne C'est donc un ensemble d'actions efficaces car réfléchies, qui se succèdent dans un ordre lui-même efficace, car lui-même réfléchi..

En effet, toutes les actions recensées dans les pages précédentes sont efficaces en soi dans une certaine mesure, mais si vous les utilisez à tort et à travers, elles risquent de s'annuler ou pire d'avoir des effets pervers, dommageables pour vous, par interactions imprévisibles. On n'additionne pas les médicaments sans précautions.

L'élément premier d'une stratégie, c'est de se fixer un objectif réaliste. Il n'y a que les adolescentes naïves, et un peu sottes, qui rêvent d'un Prince Charmant, jeune, beau, riche et célèbre, qui les épouse sans qu'elles aient à bouger le petit doigt.

> *« Certaine fille un peu trop fière*
>
> *Prétendait trouver un mari*
>
> *Jeune, bien fait et beau, d'agréable manière*
>
> *Point froid et point jaloux.*
>
> *Cette fille voulait aussi*
>
> *Qu'il eût du bien, de la naissance,*
>
> *De l'esprit, enfin tout. »*

C'est beaucoup demander et c'est généralement ne rien obtenir du tout ou finalement se retrouver, seule, dans une « situation intéressante », ou pire.

Vis à vis de votre patron, il serait par exemple irréaliste de vous fixer pour objectif de prendre sa place à court terme. Il serait déjà beaucoup plus réaliste de vouloir simplement aboutir à une relation apaisée.

Une stratégie, c'est aussi prévoir des moyens, réalistes eux aussi. Vous n'aurez pas souvent des entretiens d'une heure avec votre patron sur un ordre du jour fixé par vous-même. Vos interactions risquent d'être limitées au train-train quotidien, vous donnant peu de possibilité de briller... ou de le faire briller, LUI.

C'est aussi une gestion d'alliés, difficile par définition, la plupart étant eux-mêmes peu réalistes, peureux ou téméraires au gré des circonstances, privilégiant le court terme, se grisant de petites victoires, découragés par le moindre échec. Et... facilement jaloux. De plus, « *On n'est jamais trahi que par les siens.* »

C'est enfin une gestion de vous-même, car il est souhaitable que vous ne soyez ni trop confiant ni trop anxieux. Voir les choses froidement et agir non moins froidement est une des clés du succès, car cela minimise les mouvements d'humeur et donc élimine de nombreuses causes d'erreurs.

« *En toute chose, il faut considérer la fin.* »

La fin, ici, est prise au sens d'objectif visé.

Et maintenant allez-y !

> « C'est petit, mais c'est longtemps. » Proverbe ivoirien.

Manager, c'est optimiser une situation sous contraintes. Celles-ci sont souvent les mêmes quelles que soient les situations. Les stratégies de guerre ou d'entreprise, se déploient en effet sous les mêmes contraintes : le temps, l'espace (et donc la rapidité d'exécution au croisement du temps et de l'espace), la configuration du terrain ou du marché, les hommes, l'outillage ou le matériel, etc.

Il en est de même de la gestion de votre patron. Les contraintes sont fortes, que ce soit la nature profonde de votre patron ou la nature de l'entreprise. Cette gestion ne relève donc ni de la magie, ni du miracle, mais d'un travail patient, on pourrait presque dire : obstiné. Vous n'obtiendrez probablement pas une modification radicale de son comportement et les améliorations se feront à la marge. Mais cela peut faire la différence entre une relation difficile et une relation apaisée, c'est à dire vivable, non stressante.

Ce travail est de deux ordres : la réflexion et l'action.

La réflexion doit porter d'abord sur vous. Est-ce que vous vous connaissez bien ? Est-ce que dans votre relation avec votre patron, vous n'êtes pas la source principale des difficultés rencontrées ? Est-ce que vous êtes capable de vous remettre en cause ? Quels sont parmi vos comportements ceux que vous pouvez modifier sans que cela soit trop coûteux sur les plans psychologique, intellectuel et affectif ?

La réflexion doit porter aussi sur votre patron. Le connaissez vous vrai-ment? Faites-vous des efforts pour le connaître ? Quels sont les aspects positifs de sa personnalité, car il doit bien y en avoir quelques uns ? Comment en tirer parti ?

La réflexion portera également sur votre relation actuelle avec lui. Est-elle bonne, correcte, détériorée ? S'est-elle modifiée au cours du temps ou récemment ? Dans quel sens ? Pourquoi ?

La réflexion portera enfin sur votre stratégie d'action. Quel est votre objectif ? Quels moyens comptez-vous mettre en œuvre ? Quand ? Comment ? Avec quels alliés ?

Il ne vous reste plus qu'à passer à l'action !

Faites cependant, de temps en temps, un bilan de cette action et éventuellement corrigez votre stratégie si, après un certain temps, elle ne donne ne pas les résultats escomptés.

« Aide-toi, le ciel t'aidera. »

La Fontaine, *Fables,*

Les répétitions

... avec quelques cas d'école

Avant de commencer une nouvelle vie dans vos relations réelles avec votre patron, nous vous proposons de vous exercer sur des cas fictifs et donc de faire une sorte d'apprentissage.

En effet une des difficultés de la relation avec votre patron est que, selon l'expression populaire, « vous avez le nez dessus », autrement dit que vous manquez de recul. C'est ce recul qui fait la force des psychologues qui, très vite, voient les difficultés dans lesquelles leurs patients sont englués et voient aussi leurs solutions. Et il faudra des mois pour que leurs patients les voient à leur tour et encore des mois pour qu'ils les acceptent et les mettent en œuvre.

Dans un cas d'école, vous avez du recul et du temps pour réfléchir. Et puis, votre affectivité n'est pas engagée.

Soyez très concret dans les solutions que vous imaginez. Il ne suffit pas de penser par exemple : « Il faut les motiver », il faut aussi élaborer le comment vous allez procéder : lieu de la rencontre, arguments utilisés, arguments de l'autre de façon à pouvoir y répondre, etc.

Qu'est-ce que je vais dire ? qu'est-ce que je vais **faire ?** sont les questions auxquelles vous devez tenter d'apporter des réponses.

Le cas de M. Zadi

La Société Ivoirienne de Matériaux de Construction (SIMACO) est une entreprise ivoirienne de 300 personnes qui fabrique, mais aussi importe et commercialise des matériaux de construction. Son siège est à Abidjan. Elle dispose d'un dépôt à Abidjan et de six autres dépôts dans les principales villes du pays.

Monsieur ZADI, âgé de 30 ans, adjoint au chef du Département Comptabilité, passe chaque année deux jours dans chaque dépôt pour un inventaire physique des matériaux en stock. Durant ces deux jour le dépôt est fermé à la clientèle. Une partie des matériaux (ciment, etc...) est entreposée sous des hangars, une autre partie (briques, parpaings, plastiques, etc...) est à l'air libre.

Monsieur ZADI arrive au dépôt de Dimbroko le lundi 22 mai. Il est reçu par le chef de dépôt. Celui-ci est âgé de 55 ans. Il travaille dans l'entreprise depuis 20 ans et a gravi les échelons de la hiérarchie jusqu'au poste qu'il occupe actuellement. Considéré comme un bon chef de dépôt, il obtient d'excellents résultats de ventes, mais ayant fait peu d'études, il n'est pas un très bon gestionnaire et ses comptes sont toujours en retard. Malgré cela, il donne toute satisfaction au Directeur des Ventes.

Le lundi, Monsieur ZADI et le chef de dépôt font l'inventaire des matériaux entreposés sous les hangars. Le mardi matin, lorsqu'ils attaquent les matériaux déposés en plein air, il pleut. Ce n'est pas une pluie très violente mais une bonne pluie quand même. Le chef de dépôt propose alors de remettre l'inventaire au lendemain, mais Monsieur ZADI, ne veut pas que le dépôt reste fermé pendant tout ce temps.

Le chef de dépôt refuse alors de suivre Monsieur ZADI sous prétexte qu'il va tomber malade et d'autre part que Monsieur ZADI ayant un salaire supérieur au sien, doit donc faire le travail. Monsieur Zadi décide, alors, de faire seul le travail.

A votre avis, doit-il rendre compte de cet incident à son propre patron ou le passer sous silence ? S'il le rapporte que doit-il dire ? Doit-il par exemple demander une sanction ?

Le cas de M. Gbohou

La SORACI est une importante société dont le capital est possédé à 40 % par une entreprise européenne, 30 % par l'état ivoirien, le reste étant dispersé entre des porteurs ivoiriens. Elle fabrique et commercialise des produits alimentaires de grande consommation.

Le directeur général vient de la fonction publique. On peut le considérer plus comme un politique que comme un technicien, car il n'est pas spécialisé dans le domaine d'action de la SORACI. Sur le plan de la gestion interne de l'entreprise, son domaine d'intervention favori est surtout celui des relations humaines auxquelles il attache une grande importance.

Le laboratoire, qui dépend du Directeur technique, M. KOUADIO, est chargé de faire des tests de conformité lors du déroulement de la fabrication des produits et des tests d'hygiène sur les produits finis. Son responsable, M. CAMARA, a pour collègues le chef de la fabrication, M. KACOU et le chef du conditionnement, M. N'DRIN auxquels il s'adresse s'il constate des anomalies.

En 2007, la SORACI recrute M. GBOHOU comme adjoint au responsable du laboratoire. M. GBOHOU a une maîtrise de chimie. Il a 30 ans, est marié et père de deux enfants.

Lorsqu'il avait été embauché, M. GBOHOU avait été pris « l'essai », pour une période de trois mois. A la fin de cette période d'essai, le Directeur Administratif et du Personnel, M. BROU avait donné son accord pour son embauche définitive. Cependant le Directeur technique, M.KOUADIO, était intervenu pour que l'essai soit prolongé. Mais selon M. GBOHOU, ou il faisait l'affaire et il devait être intégré, ou il ne faisait pas l'affaire et il devait être licencié. Finalement, à la suite d'une intervention de l'Association des Cadres de C.I. il fut intégré, mais ses relations avec M. KOUADIO en sont restées marquées. Il faut noter que dans cette affaire, M. CAMARA était resté neutre.

En l'an 2010, M. GBOHOU est nommé chef du laboratoire, remplaçant M. CAMARA, qui prend sa retraite.

M. GBOHOU a 5 personnes sous ses ordres, 3 aides-laborantins et 2 laborantins de différentes ethnies du Sud de la Côte d'Ivoire. Bien que certains soient plus anciens que lui dans l'entreprise (1'un a vingt ans de maison), il n'a pas de problèmes particuliers avec eux. Il y a cependant parfois un peu de laissez-aller, ce qui l'oblige à intervenir, mais les choses rentrent rapidement dans 1'ordre. La seule difficulté importante provient du fait que ses subordonnés sont toujours endettés et à court d'argent à chaque fin de mois. M. GBOHOU intervient alors près du chef du personnel pour obtenir des avances et dans certains cas, avance lui-même de l'argent à ses subordonnés de sa propre poche.

La difficulté principale de M. GBOHOU est constituée par ses relations avec son supérieur hiérarchique, M. KOUADIO, le directeur technique. Celui-ci a un « tempérament à part » et il « gueule » beaucoup. Ceci étant, sur le plan technique, il est très compétent, étant depuis 10 ans dans l'entreprise et connaissant parfaitement la spécificité du travail dans cette entreprise.

Cette année-là, M. GBOHOU fait comme chaque année, des propositions de promotion pour ses subordonnés. Il demande une augmentation de 10 % des salaires pour deux de ses 3 aides-laborantins et un des laborantins et le passage à une catégorie supérieure (promotion en grade) pour l'autre laborantin.

L'habitude, dans l'entreprise, est que chaque chef de service fasse des propositions de promotion pour ses subordonnés. Celles-ci sont transmises au Directeur du Personnel, puis à la Direction Générale qui prend une décision et la transmet directement aux intéressés. En général, ces propositions sont acceptées dans une proportion de 75 %. Or, M. GBOHOU apprend de la bouche de ses subordonnés qu'aucune à de ses propositions n'a été acceptée. Il est vrai que la conjoncture économique est difficile, mais les heures supplémentaires ayant déjà été fortement diminuées, les employés ont des problèmes financiers graves.

Les employés sont donc très mécontents. M. GBOHOU demande des explications au Directeur du Personnel, qui parle de situation économique, de conjoncture, de difficultés, etc... avant de laisser entendre que le Directeur Technique s'est nettement opposé à l'acceptation de ses propositions.

M. GBOHOU se demande ce qu'il doit faire.

Le problème du Chef du Personnel

Jusque récemment, la Société SIMAL n'avait pas de Chef du Personnel. Le Directeur Administratif et Financier avait directement sous ses ordres deux personnes, dont l'une s'occupait des salaires, des avances et des prêts, et l'autre du social, c'est à dire médecine, hygiène, sports, etc...

La société est en croissance rapide, puisqu'en cinq ans ses effectifs sont passés de 50 à 250 personnes. Le Directeur Général décide donc de créer un poste de Chef du Personnel sous l'autorité du Directeur Administratif et Financier. Son choix se porte sur M. MALAN qui est dans la société depuis 7 ou 8 ans et qui durant plusieurs années a été Délégué du Personnel maîtrise. Le Directeur Général demande à M. MALAN de lui proposer une structuration de son service et les premières mesures qu'il compte prendre pour le «dynamiser».

M. MALAN décide alors de s'attaquer à une des plaies de l'entreprise, les retards fréquents de nombreux membres du personnel. Pour ce faire, il prépare une note de service, indiquant que désormais chaque membre d'un service devra venir apposer sa signature à son arrivée dans un registre ouvert dans le bureau de son chef de service.

Il compte d'ailleurs faire ainsi d'une pierre, deux coups et, obliger par là-même, les chefs de service à être eux-mêmes à 1'heure. Il prend alors contact avec ces derniers qui lui rétorquent qu'ils ne peuvent contrôler leurs agents puisqu'ils n'ont aucune autorité sur eux. En effet, les sanctions qu'ils sont amenées à proposer vis-à-vis de leurs agents, ne deviennent généralement pas effectives, car elles ne sont pas signées par leurs propres supérieurs hiérarchiques.

M. MALAN propose alors aux chefs de service de se réunir et

de signer une motion demandant à la Direction Générale de faire appliquer désormais les sanctions qu'ils pourraient être amenés à proposer.

Après cette réunion, il présente son projet de note de service à son supérieur, le Directeur Administratif et Financier, qui lui fait remarquer que cela relève du Directeur Général, puisque c'est ce dernier qui lui a demandé de lui proposer les mesures qu'il comptait prendre.

M. MALAN demande alors un entretien au Directeur Général. Lors de cet entretien, le Directeur Général lui demande quelques jours pour réfléchir.

En fait, le Directeur Général est quelque peu embêté. D'une part, il craint que ce système de contrôle des retards ne crée des remous auprès du personnel. Il appréhende, par ailleurs, que s'il accède à la demande des chefs de service, d'une application automatique des sanctions, les Directeurs ne se plaignent. Il sait par ailleurs, que si les Directeurs sont un peu trop « coulants » pour se faire bien voir, les chefs de service, eux, ont tendance à être autoritaires.

Comment M. Malan doit-il s'y prendre vis vis de son Directeur Général ?

Le cas de M. Kouamé

M. KOUAME après avoir fait un MBA aux U.S.A. est revenu travailler à Abidjan. A son retour, il a envoyé son C.V à plusieurs entreprises et finalement est entré dans une Société d'Économie Mixte. Six mois après son entrée dans cette entreprise, il est contacté par un de ses camarades travaillant dans une entreprise à laquelle il avait envoyé son C.V. Lors de ce contact, son camarade lui propose un poste où il gagnerait 200 000 CFA de plus par mois que dans son poste actuel. M. KOUAME est intéressé et rendez-vous est pris avec le Directeur Général de la société.

Cette société, la S.O.C.I., est une petite société (150 personnes) mais est la filiale d'un groupe international très important. Elle ne s'occupe que de distribution.

Le Directeur Général, M. OWEN, de nationalité américaine reçoit très aimablement M. KOUAME et lui expose la situation. Sous les ordres du D.G. se trouvent trois directeurs pour le commercial, le technique et l'administration et le personnel. Le Directeur Administratif et du Personnel est depuis 11 ans dans la société Sa tâche est double. Tout d'abord, de par ses nombreux contacts dans d'autres sociétés ou des administrations, il permet de régler rapidement des tas de petits problèmes : passeports, permis de séjour, facilités de douane, etc... Il consacre à cette activité le plus clair de son temps.

Par ailleurs, il s'occupe de problèmes administratifs et du personnel à un niveau très bas : paie, etc... Les problèmes plus importants sont pris en charge par le D.G. lui-même. De plus, le D.A.P. est tout à fait incapable de s'occuper sérieusement des relations avec les délégués du personnel, car il ne sait pas leur résister.

M. OWEN souhaiterait dissocier les deux fonctions administratives et du personnel et offre à M. KOUAME de prendre la responsabilité de cette dernière fonction. `

Ce dernier est attiré non seulement par le salaire mais aussi par la possibilité d'évolution de carrière que pourrait offrir un grand groupe international. Après quelques jours de réflexion, il donne son accord et démissionne de son entreprise.

A son entrée à la S.O.C.I., M. KOUAME travaille d'abord dans les bureaux du D.A.P. pour se mettre au courant. Un jour, il voit passer une note de service le présentant comme l'adjoint du D.A.P. Il est un peu étonné mais ne dit rien. Peu à peu il prend en charge la plus grande partie du travail administratif effectué jusqu'ici par le D.G. et la totalité de la gestion du personnel y compris les relations avec les délégués du personnel.

Cette situation entraîne quelques frictions entre M. KOUAME et le D.A.P. qui se sent un peu dépossédé de son travail, mais qui sait par ailleurs qu'il n'a pas la compétence pour le traiter lui-même.

Au bout d'un an, M. KOUAME éprouve le besoin de faire le point et demande un entretien. au D.G. Celui-ci le félicite d'abord de la qualité de son travail. M. KOUAME fait alors remarquer que le contrat entre lui et l'entreprise n'a pas été tenu, qu'il était venu pour prendre la responsabilité du personnel et qu'il se retrouve l'adjoint du D.A.P.

M. OWEN lui explique alors qu'il ne veut rien brusquer, que dans les faits M. KOUAME a l'entière responsabilité de la gestion du personnel, et que d'ailleurs il n'a pas abandonné son idée de scinder cette direction en deux, mais que... Finalement, M. OWEN lui annonce une petite augmentation. Surtout il lui annonce que désormais il aura l'entière responsabilité du personnel. Mais au bout de quelque jours, M. KOUAME s aperçoit qu'il n'a pas la signature et que c'est le D.A.P. qui signe les décisions qu'il prend, lui. Il s'en ouvre à nouveau au D.G. qui pour tourner la difficulté lui propose de signer au nom du D.G., par délégation.

Évidemment, les relations entre M. KOUAME et le D.A.P. continuent à se détériorer. Une seule voiture est affectée au service le D.A.P. la prend en priorité. M. OWEN en est quitte pour acheter sa propre voiture, ce qu'il n'apprécie qu'à moitié.

Au bout de 18 Mois, le D.G.A. de la société dont la S.O.C.I. est une filiale vient passer deux jours à Abidjan. M. KOUAME qui parle anglais, est désigné par son directeur pour accompagner la femme de cette personnalité, qui veut faire quelques emplettes. A cette occasion, M. KOUAME rencontre aussi le D.G.A. qui semble assez étonné d'avoir un MBA dans cette filiale, diplôme assez supérieur à ceux des autres membres du personnel. La conversation entre eux est amicale.

Peu de temps après, M. KOUAME rencontre son D.G. qui lui annonce que la scission entre les deux parties de la D.A.P. sera effective dans quelques mois. Reste cependant une difficulté. Si les services sont scindés, M. KOUAME deviendra chef de service avec le salaire correspondant. Mais le D.A.P. n'est lui un chef de service que par intérim (depuis pas mal d'années) et n'a donc pas le salaire correspondant. Si M. KOUAME se demande donc si la scission s'accompagnera bien de sa nomination comme chef de service ou s'il ne sera pas nommé lui aussi par intérim. Il se demande alors s'il devra accepter une telle situation. D'une part les promesses n'ont pas été tenues. D'autre part, son autorité en pâtit devant le personnel et particulièrement les Délégués. D'un autre côté, la société lui paraît pleine d'avenir, d'une part parce qu'elle se développe rapidement et d'autre part parce qu'elle fait partie d'un très grand groupe qui pourrait présenter à l'avenir des opportunités intéressantes.

M. KOUAME se demande quelle politique il doit mener vis-à-vis de son D.G.

Le cas de l'ouvrier d'entretien

Ce cas a été raconté par l'agent de maîtrise responsable de cet ouvrier. Nous avons conservé la forme orale.

C'est un agent de maîtrise de l'entretien qui envoie un ouvrier dépanner une machine à l'usine. L'ouvrier, étant donné que c'est un ouvrier qui a plus ou moins de compétences et des qualités et des défauts, va d'abord se rendre aux toilettes, perdre quelques minutes là-bas ; il revient et son responsable va lui demander s'il a effectué le travail ; il dira qu'il s'en va voir le travail ; bon, il va se rendre sur les lieux, sans son matériel d'abord, il va voir et il revient. Son responsable va lui demander encore, quand son responsable va se rendre compte qu'il est encore là, il va lui demander si le travail est effectué. Tout de suite, il lui dira qu'il a été voir le travail, mais qu'il a un peu de malaise et qu'il veut aller à l'infirmerie ; son chef, le connaissant, va être un peu exigeant et lui crier un peu dessus pour qu'il se rende au travail. L'autre, là, maintenant, il va prendre son matériel et aller travailler. Arrivé à l'usine, il y aura ceux de l'usine qui vont lui montrer le travail qu'il y à faire, il va le faire, et ensuite, tout juste après avoir fini, il y aura une autre panne qu'on va lui demander de faire. Alors là, l'ouvrier, avec son courage, il ne va pas trop faire la tête, il va continuer son travail. Mais ça ne marche pas. Il retourne à l'atelier voir l'agent de maîtrise et lui demande des explications. L'agent crie un peu et lui explique. L'ouvrier retourne à l'usine et il essaie de faire le travail.

Bon, mais la réparation ne se fait pas. Alors l'ouvrier va voir le contremaître :- « Patron, moi je l'ai fait, ça ne va pas,

- Et pourquoi ça ne vas pas ? Écoute, je t'ai donné les indications pour le travail ; comment t'es-tu arrangé pour ne pas arriver à le faire ? Tu dois pouvoir le faire puisque je t'ai donné les indications. »

Alors, ils retournent à l'usine. L'agent de maîtrise voit que l'ouvrier veut souder de l'aluminium avec du fer.

- « Pourquoi as-tu fait ça ?

- C'est le Chef de fabrication qui est passé qui m'a dit de faire ça ?

- Qui a dit ça ? Personne ne dit qu'il faut souder le fer avec l'aluminium. »

Bon, ensuite le Chef de fabrication vient trouver l'agent de maîtrise au bureau. Il va demander des comptes sur le travail à l'agent de maîtrise et il demande pourquoi l'ouvrier est têtu.

- «Ah ! Écoutez, patron, j'ai donné des indications. Je ne sais pas ; je lui ai bien expliqué, je ne sais pas pourquoi est-ce que ça n'a pas marché. Pourtant, je suis allé voir tout à l'heure. Je ne sais pas pourquoi ça ne marche pas.

- Quand vous donnez des indications, il faut être sur place pour donner des indications. Il ne faut pas rester...

- J'ai été avec lui. Je lui ai montré comment il fallait faire, et moi, je pensais qu'il allait arriver à le faire ; étant donné que c'est un ouvrier, moi je lui ai donné toutes les indications et je suis revenu. Il a fallu que je lui montre le travail. Je lui ai dit de souder une cornière et il a pris une cornière en aluminium ! En tout cas, je ne sais pas comment ça s'est passé, mais quand il est venu, il m'a expliqué des trucs ; je ne sais pas, il me dit qu'il y a quelqu'un qui est venu lui donner d'autres instructions que ce que je lui ai donné ; donc, au lieu de faire le travail, il s'est senti incapable de faire ce qu'on lui a expliqué. Donc, il est venu me voir pour se plaindre. Il dit qu'au magasin, toutes les cornières sont en aluminium.

- Bon, de toutes façons, celui-là, il fait la tête, hein ! Arrange-toi pour lui trouver un autre poste. Je ne veux plus entendre parler de celui-là. »

A votre avis, que doit faire l'agent de maîtrise ? Comme très souvent, il a deux problèmes, l'un avec son subordonné, l'autre avec un supérieur.